解读基金

我的投资观与实践

修订版

季凯帆　康峰◎著

中国经济出版社
CHINA ECONOMIC PUBLISHING HOUSE
·北京·

图书在版编目（CIP）数据

解读基金：我的投资观与实践 / 季凯帆，康峰著 .
--修订本 .--北京：中国经济出版社，2018.10（2025.11 重印）
ISBN 978-7-5136-5325-1

Ⅰ.①解… Ⅱ. ①季… ②康… Ⅲ.①基金-投资-研究-中国 Ⅳ.①F832.51

中国版本图书馆 CIP 数据核字（2018）第 198066 号

责任编辑　张利影　宋庆万　王　建
责任印制　李　伟
封面设计　任燕飞装帧设计工作室

出版发行　中国经济出版社
印 刷 者　北京艾普海德印刷有限公司
经 销 者　各地新华书店
开　　本　710mm×1000mm　1/16
印　　张　20
字　　数　220 千字
版　　次　2018 年 10 月第 1 版
印　　次　2025 年 11 月第 11 次
定　　价　58.00 元
广告经营许可证　京西工商广字第 8179 号

中国经济出版社 **网址** www.economyph.com **社址** 北京市东城区安定门外大街 58 号 **邮编** 100011

再版序

《黑天鹅》和《反脆弱》的作者塔勒布告诫我们，读书很重要，但更重要的是要读那些经过时间检验的书。因为只有时间才能去伪存真，让真正有价值的东西沉淀下来，浮出水面。季凯帆先生的《解读基金——我的投资观与实践》时隔12年之后能再版，我想足以证明这本书对于中国基金投资者的价值。

很幸运，作为一名资深基金从业者，我能成为《解读基金——我的投资观与实践》这本书的见证者。对朋友，对同事，对员工，我都不遗余力地推荐此书。

2007年，年轻的中国资本市场迎来了一轮波澜壮阔的大牛市。公募基金作为帮助中小投资者投资资本市场的工具之一，红透了大江南北。然而，那时国内并没有系统地介绍公募基金的书籍或文章。

季先生虽是博士，但却是在天文学领域；虽是教授，但却讲的是计算机科学。作为一名业余投资爱好者，他却能在自己投资的同时，将多年对基金的认识和体验写成《我的投资观和实践》系列文章。从“投资目标的确定”“基金产品的选择”到“操作方法的实施”，系统地总结了基金投资“三步曲”，并融入了基金的基础知识和进阶的基金组合理论，再辅以对各种基金投资误区的剖析和丰富的投资心得。从一个普通投资者的角度，普及投资知识，循循善诱、娓娓道来。虽然是非专业人士，但其对基金投资的理解却让人叹为观止。文章一出，其博客就在短时间内获得了几百万人次的访问，季先生堪称那个年代最火的基金“大V”。

与那个时代大多数财经博主不同，季先生虽然拥有巨大的影响力，但他从不预测市场，也不讨论具体的操作。他更注重“道”，而不是“术”，授人以渔而不是授人以鱼。从投资的基础逻辑去介绍其投资观，并以此希望帮助读者建立自己的投资体系。

2007年，中国经济出版社出版了《解读基金——我的投资观与实践》的第一版，出版后好评如潮，并很快更新了第二版。该书在豆瓣获得了8.4分的高分，成为基金投资者入门经典读物。

书中提到的一些概念，比如基金组合、“核心卫星”配置、组合再平衡理论等，在2007年的中国资本市场略显超前，在当时也引起了不少争论。但12年过去了，基金组合以及基于基金组合的投顾模式逐步获得了全行业的认同，变成了新一代的基金交易方式。而季先生提出的要平衡基金发展规模和基民利益的关系，不应该利用基民的“净值恐高症”等误区进行营销的“大额分红”“净值归一”的观点，也逐渐成为行业和基民的共识。

不夸张地说，《解读基金——我的投资观与实践》对基金行业的贡献是空前的，它深刻地影响了中国第一代基金投资者和从业者。可惜，季先生日渐退出“江湖”，专心于他的学术生涯，但这本书的价值却随着中国基金业的发展日益得到体现。在此，我也表达对季先生深深的敬意。

12年过去了，市场发生了很多变化。但最基础的基金知识和投资观念其实并无本质的变化，这也是本书畅销多年的价值所在，其内容依然有很强的可读性和适用性，非常适合希望系统地学习基金知识的投资者，尤其是初学者。这也是再次出版本书的意义。不过，毕竟过去了10多年，书中有些具体案例已经过时；另外，关于主动型基金和被动型基金的观点也因为市场结构的变化和国内指数型基金的发展，需要重新讨论。

根据中国基金业协会披露的数据，截至2017年底，偏股型基金的年化收益率平均为16.5%，但大部分基金投资者的收益却很一般，甚至是赔钱的。这个矛盾的数据背后，最主要的原因是大部分基金投资者并不理解投资最基本的逻辑。在牛市的中后期匆忙入场的基民缺乏基本的投资常识和基金知识，既不知道该什么时候买、买多少，又不知道什么时候卖，导致自己的账户业绩曲线和基金产品的业绩曲线严重不匹配。该赚的钱没有赚到，该回避的亏损没有回避掉。

2015年，我和我的同事创办了一个新的基金销售平台——“且慢”，作为多年的好友，季先生在“且慢”的成长过程中给了我们很多诚恳的建议和意见。本书中提到的“让时间成为朋友”和“且慢”的宗旨——“且慢，投资与时间相伴”——完美呼应。“且慢”要做的正是将《解读基金——我的投资观与实践》中的“投资观”，变成基民们的“实践”，从对投资者的教育和陪伴的过程中改变国人投资基金的方式，获得本应有的收益。

改变国人投资基金的方式，这个使命放在今天的大国角力的时点尤为重要。资本市场是一个伟大的人类实践，她为投资者和企业家建造了一座相互信赖和尊重的桥梁。这座桥梁，让企业家敢于尝试伟大梦想，敢于把目光投在未来10年、20年。风险共担、利益共享，优秀的企业家们给社会创造了巨大的价值，而投资者们在为企业家分担风险的同时，也会获得丰厚的回报。这是一个企业家、一个投资者乃至一个国家的良性循环。然而，由于A股波动剧烈，又缺乏长期有效的投资教育和有温度的陪伴，大多数股民、基民都以赔钱而告终。这又反过来加剧了市场的波动。

季凯帆先生、“且慢”以及其他致力投资科普事业的人们，都希望能让更多的国人分享优秀企业和中国经济增长的果实，也让优秀的企业家能从长期来看待未来产业和生活的变化，从而给社会创造更大的价值。

在我写下这些文字的时候，今天的股市很令人失望。上证指数大跌5.22%，下探2583点，创下4年的新低。我想，在市场的“冬天”能读到本书更是您的幸运。巴菲特说，投资就是在“别人贪婪的时候我恐惧，别人恐惧的时候我贪婪”。在寒冷的冬季学习，春天播种，夏季成长，才能在秋天硕果累累。

盈米财富副总裁
孟岩
且慢 创始人

2018年10月11日于北京

第二版修改说明

本书第一版的主要内容是在 2006 年 11 月前完成的，但随着中国股市的蓬勃发展，2007 年又是一个让所有人都意想不到的牛市行情，而且在这一年中基金市场也出现了很多新现象。虽然市场有时表现得不尽如人意，但总体来讲咱们对未来应该更有信心。

这次改版，首先对第一版中的一些错误进行了订正，并引用了最新的数据，同时增加了几个章节，主要内容是让人头痛的“巨额分红”问题。巨额分红、持续营销、净值归一是我非常反感的营销手段，但在 2007 年，这种现象却非常普遍，所以单独拿出一节来讨论这个问题；独特的指数基金——一个非常特别的基金品种，在上一版中讨论得不够详尽，这次也专门把它作为一节来论述；面向海外的 QDII——一个新的基金品种，也给基民提供了一个面向全球市场的投资手段；另外，在博客日志节选部分还增加了 4 篇新的日志，主要还是讨论投资心态的问题。

2007 年的市场虽然火爆，但是也隐藏着非常多的风险。上证指数冲上 6000 点高位，这是年初没有人能想到的事情，而市场未来走向会是什么样子，事先也无人会知道，所以在这种情况下更需要理智的思考。因此，阅读本书对您可能更为有益。

作　者

2007 年 11 月 18 日

向谁求取“基经”

证券投资基金在中国已经算不上新鲜事物了。1998年3月，第一只封闭式证券投资基金就已经在证券市场出现；但是在2006年的牛市到来之前，它并不被大多数投资人知晓；2007年，证券投资基金的百分百投资回报神话开始广为流传，越来越多的投资人开始加入基民的行列。如何快速认识并了解证券投资基金？如何才能做好自己的投资计划？如何才能成为基金投资高手？这成为很多新基民迫切希望了解的问题。

学习借鉴别人的成功经验是迅速提高自己能力的最佳办法之一。唐三藏可以去西天求取真经，小孩子可以向大人学习生活经验，新工人可以向老师傅学习工作经验，新基民应该向谁求取货真价实的“基经”才最合适呢？

向投资大师巴菲特学习。巴菲特是众多投资者顶礼膜拜的投资之神，他的投资理念也被很多专业人士和媒体充分挖掘和剖析，但是没有一个人能够复制他的成功。大师之所以成为大师，就是他总有一种常人无法企及的特殊才能。所以，模仿大师的经验并不一定适合新基民。

向证券基金投资专家学习。基金投资的火爆，电视、广播等传媒也捧红了一批证券基金投资专家。一些所谓的专家频频亮相，今日推荐某某基金，明日推荐某某基金，跟过去的股评家差不多，很多人缺少真正的实战经验，说到底更像是一场“媒体秀”。

向基金销售人员学习。每次进到银行，总会看到一些积极推销基金的银行经理。在这轮基金热潮中，他们起到了推波助澜的作用，什么新基金比老基金便宜，买基金就是买储蓄等投资误区就是来自他们的传播，为了完成销售任务他们采取了一些不光彩的手段。看来基金销售人员也并不专业，他们也不是很好的学习基金投资的对象。

向取得成功的老基民学习。中国的老基民在年龄上其实并不老，但是投资基金的经验却十分老到。他们一般四十岁左右，年富力强，接受新事物比较快，有能力而且敢于尝试新鲜事物，热衷于通过投资理财来使家庭资产保值升值。他们的基金投资经验得到了市场的检验；他们善于总结经验并提高自己；他们拥有令新基民羡慕的投资业绩；他们愿意将自己的成功经验拿出来与新基民交流……

本书的作者季凯帆先生（网名：LaoK）就是这样一位善于思考、热爱基金，并且拥有成功投资经历的中国老基民。他在网络上开设个人博客，分享个人的投资理念和成功经验，在中国基金网论坛（www.cnfund.cn/bbs）等国内知名财经论坛上热心解答新基民的提问。他的无私奉献和满腔热忱赢得了网友的赞誉，他优秀的投资理念和投资经验也让我们中国基金网（www.cnfund.cn）为之感动。为了便于新基民学习了解季凯帆先生的成功之道，让更多的新基民迅速成长，我们邀季先生将其对基金的认识和理解，以及发表过的一些精彩文章进行整理，汇编成册，作为中国基金网基金理财丛书中的一本，为普及基金知识和加强基金投资者教育贡献微薄之力。

在此，我们再一次感谢季凯帆先生的努力工作，以及出版社对基金理财丛书出版工作给予的大力支持！

中国基金网

2007 年 3 月 15 日

目　录

第一章

投资的准备

我从来没有接触过任何金融知识，不懂股票，没有去过证券交易市场，更不会看K线图，但这一切并不妨碍我投资证券市场。

1. 咱们该投资吗

咱们该投资吗？

“不！”如果有人这样问，我想至少80%的人会这样回答。投资？那是老板、资本家的事情。咱们那点钱，投什么资啊？而且，谁不知道投资有风险，万一亏了，多惨！还是放银行保险。

想退休的时候成为百万富翁吗？

“当然！”至少80%的人会这样回答这个问题。谁不想发财啊？如果退休的时候我有100万元，那会是什么样的日子？

那这个梦想能实现吗？

“那怎么可能实现呢？梦想只是梦想啊。我一个月存2000元，也要存40多年啊。别做梦了。”这样回答的人恐怕又会有80%。

是啊，这也许是最普通的想法，也恐怕是最符合自然逻辑的想法。可事情真这样悲观吗？我们每个普通人命中注定就只能靠着养老保险和退休后再打工来度过60岁后的人生吗？不，其实并不是这样，我们每个普通人都有机会在60岁以后成为百万富翁。而这一切并不需要你去违法乱纪，也不需要你起早贪黑，你最重要的是要接受一个新的理念，然后开始一个新的历程——投资。

假设现在你30岁。你有几个办法在60岁的时候拥有100万元的资产呢？先看两个极端的办法。

方法一：最笨的办法。每个月拿出2777元，30年后，你就有了100万元。

方法二：最夸张的办法。30 岁的时候拿出 1 元钱来，然后投资，并且每年都让你的资产翻一倍。1 元变 2 元，2 元变 4 元，……，20 年后，你同样有了 100 万元。那时你还只有 50 岁。

太夸张了，每年翻一番，这不可能。是的，这是不可能。但我们还有其他办法，我们有 30 年时间，我们也不仅仅只有 1 元钱的原始资本。

方法三：30 岁的你拿出 3.5 万元，用这些钱去投资，每年获得 12%的收益，到 60 岁的时候你就有了 100 万元。

方法四：30 岁的你一次拿不出 3 万多元，怎么办？如果你每个月能拿出 300 元也行。从 30 岁一直持续到 60 岁，每个月拿出 300 元放到一起，然后这些钱同样能获得 12%的投资年收益率，到 60 岁的时候，你就有了 97 万元。

我保证，我没有算错。但当我曾经把这个事实告诉我一个同事的时候，旁边的另外一个同事对我说："你就吹吧。"几乎很少有人想过这个数学题，甚至面对这个事实也很少有人能真正相信它，因为它太不可思议了。这就是被爱因斯坦称为"人类最有力的发现"——复利，也被一些人称为"世界第八大奇迹"。复利，其实就是大家俗称的"利滚利"。一听利滚利，我们想到的都是高利贷，我们都知道一旦陷入高利贷、利滚利的圈套，几乎永远不能翻身。是啊，当我们借贷的时候，利滚利会要我们的命。可我们如果把自己的钱利滚利，让利滚利为我所用，那得到的结果就是——你会成为一个百万富翁。

关于复利最经典的故事是美国纽约曼哈顿岛的交易。1626 年，荷兰首任驻美总督彼得·米纽伊特用价值仅为 60 荷兰盾（约 24 美元）的玻璃、石头之类的小物品，从当地印第安酋长手中购买了整个纽约曼哈顿岛。这一直被称为有史以来最廉价的交易之一。然而，如果将那24美元用于投资，以8%的年利率计算，到2006年这24美元就会变成120多万亿美元，不但可以把曼哈顿重新买下来，包括那上面的纽约股票交易市场、帝国大厦、联合国大厦等，而且还可以买下整个纽约州。

哇，看来投资非常有诱惑力。投资，说穿了就是让钱生钱。让钱生钱，这其实是所有富人的生财之道。

还有一件非常重要的事情，我们必须考虑。在上面的方法一中，我们采用了一个最简单的办法，每个月节约2777元，30年后，我们就存下了100万元。可我们忘记了一个“吃人的老虎”：通货膨胀。就算一个很低的通货膨胀率——2%，上面这个存钱办法最终导致的结果是到60岁，你实际的所得只相当于你30岁时候的75万元，25%就这样被“老虎”吃了。而如果你30岁的时候把100万元放到抽屉里面，60岁的时候，你这100万元就只能当54万元花了，46%被这个“老虎”吃了。躲开这只“老虎”的唯一办法就是投资。当然你可以存银行，最多银行的利息也就是和通货膨胀“打个平手”。

我的女儿还在上幼儿园时，每年她都可以收到一些压岁钱。以前这些压岁钱都被我扔在了抽屉里。有一天我打开抽屉，看到那些钱的时候，我突然发现，把钱放到抽屉里面实在是一个非常愚蠢的办法。女儿在长大，可她的钱却在贬值。虽然不是很多，但这显然是一个非常愚昧的事情。为了她，我也该做点投资。何况，我的女儿出生在美国，我希望以后她能再回美国读大学或者研究生。钱从哪里来呢？

再考虑到我自己。我有养老保险，但谁都知道，那点养老保险金远远不够保证我退休后的生活。难道我非要工作到 70 岁才能存够足够的钱安享晚年吗？现在我是生活不愁，没有近忧，但还有远虑啊。

看过一本书《富爸爸穷爸爸》，我必须是一个“穷爸爸”吗？“富爸爸”和“穷爸爸”最核心的区别是理念，“富爸爸”在投资，让钱生钱；而“穷爸爸”就盯着那点工资，他一生的追求就是寻找一个好的工作，得到一份好的薪水。结果就是，一个是“富爸爸”，一个是“穷爸爸”。

所以想来想去，咱们应该进行投资！

可是投资有风险，亏了怎么办？我一个月就节余千把块钱，去投资什么啊？

投资的风险肯定是有的，但关键是如何在风险和收益中进行平衡。如果我告诉你只要承担很小的风险，如 5%或 10%的风险，甚至不亏本，而有一个成为百万富翁的机会，你会去做吗？我想绝大多数人都会去做的。

那我每月只有一点点节余，去投资什么呢？一想到投资，就想到合伙开公司、买房子、买黄金，甚至买古董、买邮票。可这都需要一笔足够的启动资金啊，没有几万块钱，怎么可能啊？

在本书里，我给大家推荐一种投资方式。一种你可以从很小的投资开始，承担很小的风险（最主要的是心理风险），而使你 20～30 年后成为一个百万富翁的方式。这绝对不是“天方夜谭”。

答案是投资证券市场。

天啊！你说的是投资股票？你没有看到那些跳楼的股民，你不是把我往死路上引吗？投资股票？“一赚两平七亏”，哪有可能让我一个月投入几百元的人成为百万富翁？笑话啊。呵呵，别那么惊慌。如果证券市场是一条死路，是一个让大家都亏得惨不忍睹的地方，那咱们国家为什么要开辟证券交易市场，为什么美国近百年的证券交易越来越兴旺？这中间必然有其道理。实际上，关键的问题是如何投资证券市场。

我们必须搞清楚的一点是，我们要投资而不是投机。

进入股票市场，现在都被人称为“炒股”。一“炒”自然就是投机，而不是投资了。投机是瞄准一个“机会”，希望大赚一笔，一劳永逸，而投资是要你扎扎实实、一点一滴地走向你的最终梦想。投机实际上更多的是收获风险和灾难，而投资则是一种理性的产物。

好，算你说得有理。我不想投机，也想投资。可怎么做呢？我不懂证券市场，更不懂股票。我即便想投资证券市场也不知道怎么办啊？难道让我去学这些知识，天天盯着我的股票提心吊胆？钱不一定赚到，吓也吓死了啊。我不干！

我告诉你，咱们一样。我是一个散户，在投资以前，我从来没有接触过任何金融知识，也没有多少财务知识；我不懂股票，从来没有买过股票；我从来没有去过证券交易市场，也没有网上股票交易账户；我不会看那些复杂的股票趋势图形，比如什么K线之类的；我更不会预测明天或者下个月股票是涨还是跌；我也不知道什么军工板块、科技板块、地产板块。可这一切居然都不妨碍我投资证券市场，也不妨碍我成为一个比较理性的投资者，甚至也不妨碍我写本书和大家交流投资心得。

谜底是我在投资基金，投资开放式基金。2000年开始，我在美国市场购买了第一只基金；回国后，2006年开始，我又投资中国的开放式基金。而且，我准备一直投资下去，至少到10年后我退休。

2. 什么是开放式基金

如果你已经了解了开放式基金，这一节你完全可以跳过。什么是基金？简单地说，基金就是把大家的钱收集到一起，由专门的人（基金经理）帮我们去投资证券市场。他提取他的佣金，我们拿我们的收益，他们帮我们理财投资。所以，我们不懂没有关系，我们找懂的人来做，就像一个企业的董事长聘请一个 CEO 来运转他的公司一样。

我保证你一下子就会冒出无穷个问题。我的钱可靠吗？基金经理可靠吗？他提取多少佣金？我有多少收益？这有多大的风险？他们都买什么样的股票或者其他证券啊？怎么买啊？要多少钱才能买啊？等等。

这些问题都是我要在本书里和大家交流的。我不是一个专业的金融人士，只是一个非常普通的“基民”。我投资在这个市场里，坚信这个投资最终会给我带来回报，达到我的目标。如果你要寻求专业人士的观点和严格的定义，建议你去看看专业书籍，而我则是从一个散户投资者的角度来看待这些问题的。

先粗略回答一些最基本的问题吧，因为本书毕竟不是讲概念一类的东西，而且我也不是这方面的专家。

基金是由基金管理公司来成立和运作的。一个基金公司下面可以运作很多基金，如广发基金公司就拥有广发小盘基金、广发聚丰基金、广发聚富基金、广发策略优选基金、广发稳健基金等。基金管理人的目标就是使我们这些基金投资者的利益最大化。基金公司是独立的商业金融机构，有非常严格的审批程序，并接受中国证监会的严格监督。我们国家已经有了 100 多家基金公司，2000 多只基金。

开放式基金的运行模式是采用一种严格的制衡关系。也就是说，基金资产的管理与保管是分开的，基金公司管理我们的钱的投资运作，而钱一般是托管在银行的。这样，无论是基金公司还是银行倒闭，都不能动用我们的钱，可以说，我们的钱是安全的。

基金经理是由基金公司聘任的，他的责任就是经营好他管理的基金。他必须是一个专业投资人士，否则咱们怎么会把钱拿给他管理呢。他的基金管理好了，赚钱了，咱们投资人得到好处，基金公司也得到好处，因为咱们是支付他佣金的。他管理不好，没有人买他的基金，他也什么都没有，所以理论上是一个双赢的态势。

那他们要的佣金是多少呢？这个分两个部分。在购买基金的时候，有笔申购/认购费用。对于新发基金叫作认购，成立后的基金叫申购，一般费率在 1.0%～1.5%（有优惠促销活动的基金公司会发公告通知）；对于网上直销的，费率一般在 0.6%～0.9%。一次性收费还有赎回费，一般是 0.5%左右，对于不同基金公司按规定年限长期持有者可以免除。就是说，你投资 1 万元，要扣除 150 元左右的购买费用，要说明的是这是一次性费用。这种费用的收取也有两种方式，一种是在你购买基金的时候缴纳，叫前端收费；也可以选择在卖（赎回）基金的时候缴纳，叫后端收费。前、后端费率是不一样的，各种基金也是不一样的。另外在赎回的时候，还要根据你持有基金的年限缴纳赎回费，如 0.5%，这也是一次性费用。还有一种佣金叫管理费和托管费，一般是 1.5%和 0.25%。这笔钱不是一次性的，只要你投资，那基金公司和托管银行就要收取这个费用，而且是精确到以天为单位的。实际上，这笔钱才是基金公司真正的生财之道。你想，如果是一只 100 亿元规模的基金，一年的管理费就是 1.5 亿元。一个基金经营得好，买的人多，那规模就大，基金公司就有钱赚。

全部佣金是 1.75%，那我们可以得到多少收益？风险又有多大？这些问题就不是那么明确了，因为这是一个动态的东西。我只能告诉你一个历史数据，美国市场长期平均的收益是 10%～15%。显然这个收益是扣除了管理费、通货膨胀后，对我们来讲还是不小的收获。记住，这是一个平均收益，而且是长期收益。它不像银行利息一样定时发放，也没有人担保这个收益，这就是投资的风险。我还可以告诉你，如果你投资在 20 年以上，你恐怕就不承担什么风险，本儿基本上是能保住的。在后面的章节中我要详细讲这个问题，这也是一个非常重要的问题。

基金可以在很多地方购买。你们家门口的银行、你们单位附近的证券公司和通过互联网联系在千里以外的基金公司。手续非常简单，你只要花不到半个小时，就可以迈上投资之路。你想买的时候就可以买，想卖的时候就可以卖，所以基金是一个流动性非常好的投资品种。

那开放式基金是怎么购买和计算收益的呢？开放式基金采用一个叫作净值的概念。净值其实就是开放式基金的销售价格，是这样计算的：在一个基金刚刚开始建立的时候，净值都是 1 元。你用 1 万元（扣除认购费后）就可以买 1 万份基金。然后，基金公司就用募集来的这笔钱，如50亿元（50亿份基金）去投资证券市场。也许1年以后，扣除他们要的佣金，还剩下60亿元。这60亿元分到50亿份基金上面，每份基金就值1.2元，这时候的净值就是1.2元。显然，赚的钱越多，基金的净值也就越高。但如果亏了，净值就会降低，甚至降到1元以下。认购新基金的人，是用1元的净值来购买新基金的，那后来的人如果也用1元购买，前面投资的人不就亏了？所以，后来申购一个成立以后的新基金的人必须以当天的净值来申购。也就是说，如果净值变成了1.5元，你1万元投资就只能购买6666.67份基金，而不是1万份。卖出的时候，同样也是以当天的净值来销售的。如果你买入的时候是1.5元，卖出的时候是2元，那一份盈利就是0.5元。6666.67份就盈利3333.33元，这就是你的收益。当然，你投入本金越多，净值增长越大，你的收益就越多。之所以叫开放式基金，意思是一个基金的总份额是不定的。反正大家都按照当天的净值来计算，买的人多了，基金的规模就大；买的人少了，基金的规模就小。

还要注意一点，开放式基金的购买方式是一种"未知价格"的购买。每种基金的净值都是在当天股票交易市场收盘以后再根据其所持有的证券的市值来计算的，一天就一个值，这个值在北京时间下午3点以后才知道。但你购买基金的时候，如果在下午3点以前提交申请购买单，那你最终购买基金的净值就按下午3点以后计算出来的当天净值来算。如果是下午3点以后提交的购买申请，那就按照第二天的净值来计算。所以，无论你买还是卖，你当时并不知道基金的净值是多少，也就是"未知价格"。为什么要这样做，而不是用一个实时的净值呢？首先，开放式基金的交易模式就是这样规定的；其次，这也可以防止投资者短期套利“炒”基金。

开放式基金会分红的，会不定期地分配给你投资收益。你可以选择把分红留给自己，即所谓的现金分红，也可以选择红利再投资。分红的时候，由于基金的总资产降低了，净值也就下降了。所以，在看一个基金的净值时会有两个，一个叫“净值”，一个叫“累计净值”。“累计净值”不考虑分红给基金净值带来的降低因素，反映了基金成立以来总体的发展情况，而“净值”则是你交易时候的真正价格。

有一件非常有吸引力的事情，目前国家对个人的基金收益是不收税的。所以，如果你要和银行收益进行比较，一定要记住银行利息还要扣除利息税，而基金收益是纯收益。

那最小投资规模是多大呢？很小，一般基金最小的申购额是1000 元，也就是你有 1000 元就可以开始投资了，甚至有些基金投资方式，如银行的定投，可以更少，几百元就可以。你不需要很多的钱就可以开始你的投资之路，就可以让你少量的节余滚动起来，最后变成一个大雪球。

那几百只基金都有什么区别啊？我选择什么样的基金合适呢？我先给大家介绍一些基础知识：开放式基金，一般分为股票基金、债券基金、货币基金，以及介于股票和债券基金中间的配置型基金。

顾名思义，股票基金主要投资在股票市场，债券基金主要投资在债券市场（如国债等），而货币基金主要是投资在短期货币市场。一般来讲，股票基金风险大、净值波动大，但长期收益也高；债券基金稳定一些，收益也低一些；货币基金几乎没有风险，但收益更低，现阶段一般是每年 2%左右的收益。

你们在投资开放式基金时需要掌握的预备知识主要也就这么多，更多更详细的知识性的东西，互联网上有很多。

我想，你们已经明白了自己该投资，也明白了什么是开放式基金。但这还远远不够，千万别立刻就开始你的投资，千万别立刻到楼下的银行开户并被银行的工作人员一介绍就投入十万八万元购买一只基金。先学习，先做功课，态度决定一切。

3. 态度决定一切

在开始写本书之前，我在搜狐的“基金天下”论坛上泡过很久，也发了很多的帖子，回答过一些问题，交流过一些心得。由32篇帖子构成了一个系列叫“我的投资观和实践”，也得到了很多基友的好评。但在论坛上待得越久就越深刻理解了“态度决定一切”这句话。

知道我最怕回答的问题是什么吗？“我准备投资，你给我推荐几只基金吧”，或者“我是新手，昨天刚刚买了一只基金，你给看看并评价一下好吗？”说老实话，我真不知道该怎么回答他们的问题，不但太笼统，关键是他们并没有认真地去做功课，在投资之前没有认认真真地去研究什么是基金，为什么要购买基金。说起来，也许你不相信，我估计有80%的基友在决定拿出十万八万元购买基金之前考虑的时间不到半个小时，比买件衣服的时间都少。

毋庸讳言，论坛上的确有不少对基金投资很有心得的朋友，但也不乏懵懵懂懂、迷迷糊糊的基友。而且，往往后者的问题更让你不知所措。回答问题是小事，但我真为这些基友们担心。咱们这是在讨论投资，是成千上万元的钱，是你一点一点攒下来的血汗钱，可不是小孩“过家家”啊。

美国非常著名的一个基金经理林奇把这种现象称为“Charmin综合征”。Charmin是美国宝洁公司出的一种卫生纸，几乎在美国任何一个超市里面都可以看见。林奇说：“很多人在买宝洁公司股票前花的时间还不如花在挑 Charmin 卫生纸上的时间多。”这就是“Charmin 综合征”。稀里糊涂、懵懵懂懂地就把大把的钞票投入到一个未知的领域，而且还不想花点时间去研究一下。这和闭着眼睛打扑克有什么不一样呢？在任何一个基金论坛上待过一段时间的朋友都可以发现，在那里 Charmin 综合征恐怕并不罕见啊。

很多朋友很容易被银行的推销人员误导，还有些朋友道听途说就选择了一只基金来投资。更多的人则总希望得到所谓“高手”的一个具体建议，总希望有人帮他做个决定，而自己甚至连最基本的概念都不想掌握。不读书不看帖就想发财，恐怕只能等天上掉馅饼了。钱是我们自己的，投资是我们自己的事情，我们自己的事情还得我们自己做主。

基金投资其实是很简单的事情。如果说需要一些数学知识，恐怕是上初中以前就学过了的，其他的就是概念了。投资不是比智商，而是比谁更理性，而理性的前提就是理解，要理解就得花点时间吧。你无须成为一个投资大师，无须像考大学一样每天学习到深夜。但你得花点时间，至少要花买件衣服的时间吧。

很喜欢一个故事：如果给每一个英文字母 A ～ Z 相应的数值，A=1，B=2，…，Z=26，那么每个单词中的字母相加都可以得到一个总值。知识（Knowledge）得分是 96，勤奋工作（Hardwork）得分是 98，态度（Attitude）得分才是 100。

做任何事情都是这样，态度决定一切，投资更是这样。

我的这本书，其实不会给出一个明确的建议，如该买什么基金，什么时候买，买多少。我不会提出这种建议，但我会把我投资的整个思路都原原本本地告诉大家。我始终认为投资最关键的是理念，是投资观，或者说是投资哲学。只有咱们清楚了投资思想，咱们才会有明确的方向，才会实现最终的梦想。

本书中，我归纳了一个买基“三步曲”。通过这三步，我觉得你就有了一个自己的投资观，就能迈上投资之路。这三步是：确定投资目标、选择优秀基金和掌握投资方法。

第二章

“三步曲”之一：投资目标的确定

投资股票基金要长期。随着时间的推移，高收益带来的高风险会被平滑掉。

1. 基金的风险是什么

投资开放式基金到底有没有风险？这是个非常有趣的话题。开放式基金，尤其是股票型基金，本质上还是投资股票市场。大部分人说有风险，但也有人说没有风险。我认为正确的答案是：短期有风险，而且风险很大；长期则无风险，或者说风险很小。

股票型基金绝对不仅仅是投资某一只股票，而是同时投资在几十只甚至上百只股票上面。这叫分散投资，也称为投资组合。投资组合理论是20世纪50年代由美国一位20多岁的青年——哈里·马科维茨提出的，正是因为这个理论，他在20世纪90年代获得了诺贝尔经济学奖。可见，这个理论对投资领域的贡献有多大。

我们都知道，单只股票的波动是很大的。当然，一个业绩良好的企业会随着公司的发展而使其股票价值越来越高。但市场由非常多的因素构成，甚至包括投资者的心理因素。在这种情况下，股票的价格波动很大，尽管长期是上涨的。那怎样才能做到既降低波动又享受长期上涨呢？有一个办法：多买些股票。这只股票涨的时候，那只可能跌；那只涨的时候，这只又可能跌。此消彼长，总投资金额的波动自然就小，而长期的平均收益却不会被抹杀，这就是分散投资。分散投资可以大大降低单只股票对总投资金额的影响。不过，分散投资的理念对“炒股”的人是没有意义的，因为对投机的人而言，他们希望的是抓住股票波动的脉搏，从而在低价位的时候买入，在高价位的时候卖出，长期趋势不是他们感兴趣的东西。而基金投资则有所不同，它追求的就是长期投资和长期趋势。

股票之间却不是独立涨跌的，如国家出台一个大政策，所有的股票可能都一起涨或者一起跌。那你再怎么分散投资，也避免不了这种波动，这就是系统风险；开放式基金也无法避免这种波动，而且这种波动会叠加到长期趋势上面。

对这种波动只有用一个办法来平衡——时间。在一个长时间的期限内，这种波动就变得很小，完全被长期的大趋势压制下去了，只是一些小毛刺而已。时间越长，这种“毛刺”的影响就越弱、越不起眼。

在投资领域，我们都知道一句话，“过去的业绩不能用于预测未来”，由于未来是没有数据的，我们也只能依赖过去的数据去预测未来，或者用其他国家的数据来预测中国市场的未来走势。我们可以借鉴1925—2002年美国77年股票交易历史。如果1925年我们投资1美元在大公司股票上，到2002年，收益是1775美元。在这77年中，包含了多次股市崩溃，如20世纪30年代的股灾、1986年的“黑色星期一”、2000年的“网络泡沫”，最终的收益依然是1775倍，而同期通货膨胀是10倍。如果你真能投资77年，平均每年收益将达到12.2%，显然大大地赚了一笔。

这种平均12.2%的收益就是大趋势。但这77年中，如果我们独立地看每一年，却有23年是亏本的，也就是说，有30%的年份是亏钱的。亏损幅度最大的一年达到了43.34%，而在盈利年份，最赚钱的一次年收益是53.99%。77年中，70%的年份是赚钱的，而且赚钱的幅度也比亏损的大，所以最终结果是赚钱的。但这些盈利年和亏损年的分布是非常随机的，也就是没有任何规律可以找寻。不是说今年亏损，明年也会亏损；或者，今年赚钱，明年就会亏损。市场是根本没有办法精确预测的。所以，我们如果在77年中的任意一年开始投资，有30%的概率会亏钱，70%的概率会赚钱。

但如果我们连续投资5年，5年一平均，亏本的概率就降到了接近10%。亏损幅度最大的一次年平均收益为-12%，赚钱幅度最大的一次为24%，波动明显变小。

如果连续投资10年，10年一平均，亏损的概率只有3%。亏损幅度最大的一次年平均收益为-0.9%，赚钱幅度最大的一次为20%，波动更是减小。

如果连续投资20年，平均下来没有亏损，赚钱幅度最小的一次年平均收益为3.1%，幅度最大的一次为17.7%。也就是说即便你运气非常糟糕，在一个非常高的点位进行了一次性投资，你20年后也不会亏，只是赚得少而已。

这就是结论，按美国的股市历史，如果你仅仅进行1年的投资，亏的概率是30%；如果做5年的投资，亏的概率是10%；如果做10年的投资，亏的概率是3%；做20年投资，就不会有亏损。

如果只进行小于1年的投资，3个月或者1个月亏钱的概率有多大，我想应该和抛硬币差不多。

所以，我认为：短期投资有风险，而且风险很大；长期投资则无风险，或者说风险很小。

当然这些概率是对股票，或者说是对股票基金而言的。股票收益最大，风险也最大，要想降低风险，只有增加投资年限。或者，你也可以投资债券。如果投资债券，按美国的历史，投资期达到5年的时候，亏损的概率就不到5%了。而且，也要看到在前面说的

77 年中，美国大公司债券的年平均收益只有 6.2%，也就是说经过 77 年，1 美元仅仅变成了 60 美元。相比股票的收益 1775 美元，简直是天壤之别，但风险却小得多，投资 5 年亏本的概率和投资股票接近 10 年的概率相当。货币基金不会亏本，没有风险，但 2% 的收益在 77 年后，1 美元仅仅是 4.5 美元，甚至还无法抵消通货膨胀对资产的侵蚀。

可见，股票基金显然是一种激进的、高风险和高收益的基金，而债券基金就稳健得多。对于配置型基金来说，投资股票的份额越大，风险就越大；投资债券的份额越大，风险就越小。

2007 年，曾经有朋友对我说，2008 年要装修房子，现在钱闲置着，让我推荐一个高收益的基金。我只能告诉他，他选错了投资对象。也许他现在选择一只激进的股票基金，2008 年在装修房子前有很好的收益，但这要冒很大的风险。1 年的投资，不亏本的风险只有 50%。千万不要被火爆的股票市场和基金市场迷惑。

风险和收益是共生关系，一定要记住这点，没有高收益低风险的事情。要想降低风险只有增加投资期限，或者买债券基金、货币基金，但这样做收益也低。所以，投资股票基金最好是用养老和子女上大学的钱，咱们有接近或者超过 20 年的投资周期，就算亏本也不会有多大，这其实也是基金投资的根本目的。

2. 拿多少钱来投资

无论怎么说，投资都不是一个“穷人”的游戏。如果吃穿都有问题的话，暂时还是不用考虑投资。也许等一切都安定了，家庭、事业、收入都稳定了，这时咱们就可以悠闲地考虑未来的日子，开始考虑退休后的生活和刚刚出生的孩子的将来。

咱们已经有了住房，除了支付银行按揭、生活必需品和一些享受，在银行里面开始有了点存款，而且每个月也能结余下一些钱。这时候，怎么使用这些“闲钱”就是一个要认真筹划的问题。我希望已经将您说服，投资是一个非常好的选择。

那拿多少钱来投资呢？既然开放式基金这么好，而且您也准备长期投资降低风险，岂不是能投多少就投多少！

在中国基金网的基金论坛上看到过一个帖子，有人说把存款全部买基金了，也有人说把私房钱也投进基金了，甚至还有人说要借钱买基金。2006年夏天以后，开放式基金简直火爆得无以复加，好像只要投资了基金，就必然会赚钱，那当然要把所有钱全部投进去。

如果你真的决定把所有的银行存款，所有的工资结余全部去买基金，这其实是件非常恐怖的事情。

关于基金投资的风险，在上一节中已经介绍了。结论是长期投资没有风险或风险很小；而短期投资，风险很大。万一急需用钱，你必须改变原来的投资计划，恐怕就不得不在一个形势很不好的时候赎回你的基金，那么损失一定是非常惨重的。

为了避免出现这种惨况，有几种方式可以帮助你配置资产，确定到底该把多少钱用来投资比较合适。

一种是“三分之一法”。很简单，把三分之一的钱用来买房地产，三分之一的钱用来投资证券市场，三分之一的钱用作储蓄或者买国债。不过令人惊讶的是，这种配置方式早在2000多年前就被人提出来了，西方有句格言：“每个人都该把自己手里的钱分成三份，一份买地，一份做买卖，剩下的一份存起来。”书写这个格言的人一定很伟大，他居然能指导2000年后的现代人进行投资。

另一种是“指头算法”。这种算法就是估算你应该把多少资产用于投资，把多少资产用于保守地储蓄。这个算法也很简单，被称为“指头算法”，就是说你掰掰指头就能知道答案。这是根据你的年龄来划分的，如果你是30岁，你应该至少在储蓄上投入30%的资产，而各种投资不宜超过70%；如果你是40岁，那储蓄40%，投资60%；如果你是60岁，储蓄60%，投资40%。用公式表示就是

可用于各类投资的资产比例=100-你目前的年龄

也就是说，年龄越大越应该保守，年纪越轻越可以进取。年纪大了，禁不起折腾，这也很容易理解。按照这个原则，咱们会发现一个事实，我们投资的策略会随着年龄的增长而变化。年轻的时候，我们的投资风格可以很猛，可以承受很大的风险；而当我们逐渐靠近退休年龄，或者靠近我们投资的目标时，如孩子开始读大学，我们就得适时地将股票基金转换成稳健的债券基金，这样即便赎回时我们碰到的是一个熊市，一个非常不景气的市场，我们依然能保住投资成果。

无论你是用“三分之一法”还是“指头算法”，我都要强调一

条：你不能把所有的钱都用来投资。你必须有充足的“应急资金”去应付万一出现的生病、失业等。这样，一旦有急事你也不用临时抛售基金去解燃眉之急。

还有一点是丝毫不能含糊的：绝对不能借钱去投资基金。诚然，如果是12%的年收益，比银行贷款利率要高出不少。那自然就有人会去想，我借钱来投资基金岂不是白赚？可你一定要记住，12%那是一个平均数，并且这种回报也是通过长期投资和平滑短期的风险而得到的，绝对不是指每年你必然都有这个幅度的回报。而且，还有一点，当你用借款来投资的时候，你心理上就承担了另外一种压力，这是一种只许赢不许输的负担。在这种重压之下，你往往会在困难的时候铤而走险，结果往往是一败涂地。

当分配好了咱们的所有资产、预留了“应急资金”并保证没有借贷时，咱们就可以比较从容地去投资，即便投资失败，也不会让咱们倾家荡产。这点是非常重要的，这决定了你们投资的心态。显然，如果用一种非常浮躁和压力巨大的心态去投资的时候，一定会去投机，会去赌博，而不会认真地去研究投资方向，也就不可能理解正确的投资理念，无法掌握正确的投资方式，这种投资注定是要失败的。

3. 让时间成为朋友

时间是我们投资时最好的朋友。只要我们把它当作长期朋友看待，它就会和我们站在一起。

随着投资时间的延长，投资基金的风险会降低，因为有平滑风险的因素在发挥作用；随着时间的增加，咱们的收益也会增加，因为有复利在起作用。所以，在投资过程中，一定要首先考虑你的时间朋友：你到底希望它为你服务多少年。

我非常羡慕那些大学刚刚毕业就开始投资的朋友。他们不但有了一个投资的理念，更重要的是他们有非常大的机会去实现他们百万富翁的梦想，而且他们有条件去选择一个理想的产品——开放式基金作为投资对象，我在那个年龄时这是不可能想象的。

一个 25 岁才开始工作的年轻人，如果他试图在 60 岁退休的时候有 100 万元的资产，他只需用一个非常简单的办法：如果按照平均年收益 12%来计算，他只要每月投资 175 元，那在 60 岁的时候，他的投资账户上就有 101 万元，而实际投入资本只是 7.35 万元。但对一个 40 岁的人来讲，要每月投资 1000 元，在同样的收益情况下，才能在 60 岁的时候有 97 万元，而他的实际投资成本却是 24 万元。为了达到同样的目标，多拿出来了 14 万元，多付出了两倍的成本，而这一切，仅仅是因为投资晚了 15 年。

如果进行一次性投资，差距会更大。25 岁的时候，一次性投资 2 万元，按 12%的复利增长，60 岁的时候，会有 105 万元；而如果在40岁的时候才开始投2万元，60岁的时候，只有19万元。差距达到4倍多。

在汇丰晋信基金公司推出的小册子——《十大投资金律》中有一个故事：陈先生20岁起每个月投资500元买基金。假设平均年报酬率是10%，他投资7年就不再扣款，然后让本金和获利一路成长，到60岁退休的时候，本利已达162万元。王先生则26岁时才开始投资，同样每个月投入500元，是10%的年报酬率。他整整花了33年持续扣款，到60岁时本利累计才154万元！相比之下，王先生投资才晚了7年，却要追赶一辈子。

上面几个案例都说明了一个问题，投资开始得越早，最后的收益就越多。或者说投资开始得越早，咱们为了达到同样的收益，付出的成本就越小。而且，两种情况的差距是如此之大，简直是不算不知道，一算吓一跳。

在基金的风险里面，我们已经知道，随着时间的推移，投资的风险越来越小，但短期波动永远都是存在的。那咱们选择一个波动小的投资方案，虽然损失了部分年平均收益率，但长期下来是不是也差不了多少呢？如股票基金，年平均收益率可能是12%，而债券基金可能是8%。如果咱们一部分买股票，一部分买债券，达到一个平均收益10%，好像也比12%差不了多少？答案又会让你吓一跳。还是第一个例子，25岁的年轻人，月投入175元，只是收益从12%下降到10%，到60岁的时候，总资产只有62万元。虽然年收益仅仅少了两个百分点，但对比12%收益率时的最终100万元，本利居然少了40%。如果再降两个百分点，平均收益是8%，那到60岁的时候，就只有40万元了。

在长期收益计算中，有一个简便的“72 法则”。如年收益是8%，那么 72/8=9，就是说 9 年，你的资本就可以翻一倍；如果年收益是 12%，那么 72/12=6，就是说 6 年可以翻一倍。用 72 除以收益率，就是资本需要翻番的大约年数。这样，在 30 年的时间内，如果是 12%的收益，就可以翻五番，也就是 2^5 等于 32 倍；如果是年收益 8%，30 年内可以翻三番多点，还不到 10 倍。

无论怎么算，都会得出一个结论：在长期投资的情况下，很小的收益率变化，会给结果造成巨大的差别。

所以，如果是长时间投资，一定要追求最高的收益；而随着时间的推移，高收益带来的高风险就会被平滑掉。也就是说，在风险和收益的角逐中，时间会帮我们很大的忙。美国 77 年的股市统计数据表明，大公司的股票增长了 1770 多倍，而波动幅度更大的小公司的股票却涨了 5000 多倍。

可见，你投资开始得越早，就越可以承担更多的风险，从而获得更大的收益。不要太厌恶风险，躲避风险最后就只会让你失去非常好的机会。时间会为我们保驾护航，它是我们的朋友。

需要强调的一个概念是长期投资的平均收益。这是一个非常重要的概念。如根据 77 年的美国股市历史，统计下来平均收益为12. 2%，但这绝对不是说每年的收益都是 12%左右，实际上单年的收益幅度变化是非常大的。对美国股市 77 的历史数据仔细分析后可以发现，最佳的年份，单年的收益为 50%多，而最差的年份收益是-50%。

图 2-1 给出了不同收益情况的年度数目。横轴是收益率，纵轴是获得这个收益的年数。

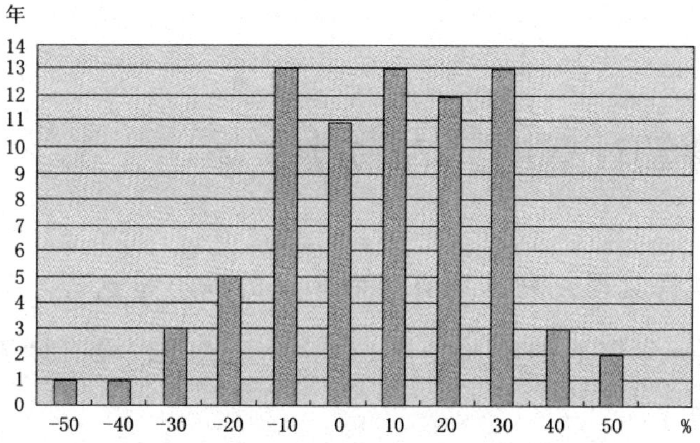

图 2-1 美国股市历史收益分布情况

从图 2-1 中可以清楚地看到，年和年之间的收益有非常大的弥散。-10%、10%和 30%收益的年数是最多的，都是 13 年。大收益和大亏损的年数都比较少，最后综合下来平均是 12%。

2006 年和 2007 年咱们的收益都非常好，但要知道这种收益恐怕是百年一遇。千万不要指望年年都是这样。

4. 复利计算的“72 法则”

很多人都觉得复利的计算很麻烦，的确也是这样。如果年收益是 $x\%$，那 n 年以后的收益是 $(1+x\%)^n$。这样，没有计算器，恐怕就很难计算了。

前面说过的“72 法则”经常用来做复利的近似计算，用来计算在给定年收益的情况下，大约需要多少年，你的投资才会翻倍。

举例说明：

如年收益是 5%，那 72/5 = 14.4，也就是约 14.4 年可以将投资翻番（如果用标准公式计算，结果为 14.2 年）；

如果年收益为 7%，72/7 = 10.3，也就是约 10.3 年投资可以翻一番（用公式计算为 10.24 年）；

如果年收益为 10%，72/10 = 7.2，也就是约 7.2 年投资可以翻一番（用公式计算为 7.27 年）；

…………

如果年收益为 $x\%$，那翻番需要的年数就是 $72/x$。这就是所谓的“72 法则”。

这样很容易算出如果年收益为 12%，翻番需用的年数就是 6 年；而如果收益是 15%，翻番的时间就是 5 年。这样也很容易算出，如果收益是 12%，那 18 年就可以翻三番，也就是 8 倍；如果收益是 15%，那 20 年可以翻四番，也就是 16 倍。

还有一个“115 法则”。“72 法则”是计算翻番的时间，而

“115 法则”是计算 1000 元变成 3000 元所耗费的时间，也就是变成 3 倍所耗费的时间。计算方法还是一样，115/x 就是本金变成 3 倍所耗费的年数。如收益是 10%，那 1000 元变成 3000 元所耗费的时间就是 115/10 = 11.5 年。

表 2-1 对照了在一个特定利率的情况下，精确计算投资翻番的实际年限和“72 法则”计算的结果。从中可以看出，对于年增长率很大或很小的复利，误差就比较大了，但作为估算的参照目标是没有问题的。

表 2-1 “72 法则”估算结果和实际计算结果的比较

实际年限	“72 法则”年限	利率（%）	误差年限	误差率（%）
69.7	72.0	1	-2.3	3.19
35.0	36.0	2	-1.0	2.78
23.4	24.0	3	-0.6	2.5
17.7	18.0	4	-0.3	-1.82
14.2	14.4	5	-0.2	-1.34
11.9	12.0	6	-0.1	-0.87
10.2	10.3	7	-0.1	-0.40
9.0	9.0	8	0.0	0.07
8.0	8.0	9	0.0	0.54
7.3	7.2	10	0.1	1.01
6.6	6.5	11	0.1	1.47
6.1	6.0	12	0.1	1.94
5.7	5.5	13	0.1	2.40
5.3	5.1	14	0.1	2.86
5.0	4.8	15	0.2	3.32
4.7	4.5	16	0.2	3.78
4.4	4.2	17	0.2	4.24
4.2	4.0	18	0.2	4.70

续表

实际年限	“72 法则”年限	利率（%）	误差年限	误差率（%）
4.0	3.8	19	0.2	5.15
3.8	3.6	20	0.2	5.61
3.6	3.4	21	0.2	6.06
3.5	3.3	22	0.2	6.51
3.3	3.1	23	0.2	6.96
3.2	3.0	24	0.2	7.41
3.1	2.9	25	0.2	7.86
3.0	2.8	26	0.2	8.30
2.9	2.7	27	0.2	8.75
2.8	2.6	28	0.2	9.19
2.7	2.5	29	0.2	9.64
2.6	2.4	30	0.2	10.08
2.6	2.3	31	0.2	10.52
2.5	2.3	32	0.2	10.96
2.4	2.2	33	0.2	11.40
2.4	2.1	34	0.3	11.84
2.3	2.1	35	0.3	12.28
2.3	2.0	36	0.3	12.71
2.2	1.9	37	0.3	13.15
2.2	1.9	38	0.3	13.58
2.1	1.8	39	0.3	14.01
2.1	1.8	40	0.3	14.45
2.0	1.8	41	0.3	14.88
2.0	1.7	42	0.3	15.31
1.9	1.7	43	0.3	15.74
1.9	1.6	44	0.3	16.17
1.9	1.6	45	0.3	16.59
1.8	1.6	46	0.3	17.02
1.8	1.5	47	0.3	17.44
1.8	1.5	48	0.3	17.87

续表

实际年限	“72 法则”年限	利率（%）	误差年限	误差率（%）
1.7	1.5	49	0.3	18.29
1.7	1.4	50	0.3	18.72
1.7	1.4	51	0.3	19.14
1.7	1.4	52	0.3	19.56
1.6	1.4	53	0.3	19.98
1.6	1.3	54	0.3	20.40
1.6	1.3	55	0.3	20.82
1.6	1.3	56	0.3	21.23
1.5	1.3	57	0.3	21.65
1.5	1.2	58	0.3	22.07
1.5	1.2	59	0.3	22.48
1.5	1.2	60	0.3	22.90
1.5	1.2	61	0.3	23.31
1.4	1.2	62	0.3	23.72
1.4	1.1	63	0.3	24.14
1.4	1.1	64	0.3	24.55
1.4	1.1	65	0.3	24.96
1.4	1.1	66	0.3	25.37
1.4	1.1	67	0.3	25.78
1.3	1.1	68	0.3	26.18
1.3	1.0	69	0.3	26.59
1.3	1.0	70	0.3	27.00
1.3	1.0	71	0.3	27.41
1.3	1.0	72	0.3	27.81

5. 风险心理承受能力测试

虽然时间的延长可以大大降低风险，但在短期内，资产的波动幅度还是很大的。如果咱们跟踪自己的资产情况，会发现有时大赚，有时大亏，就像坐过山车一样，忽上忽下。咱们的心脏能承受得了吗？咱们会不会为这些波动而彻夜不眠，最后神经衰弱？或者是实在承受不了这种颠簸，而放弃投资？这是很可能的，也是很可悲的。所以，咱们必须对自己的心理承受能力有个清楚的了解。

下面有一道投资风险心理测试题，是我从一本英文版《投资学基础：估值与管理（第3版）》（Charles J. Corrado，Bradford D. Jordan）翻译过来的。在网上发表后，有很多朋友进行了测试，而且说测试的结果很符合他们自己的实际状况。

这套题实际上是根据人们对风险的认识来测量其心理承受能力，并提出投资参考意见的。我认为很好，而且觉得隔一段时间就应该再做一遍，因为你对风险的理解不一样了，承受能力也就不一样了。

投资风险承受能力测试

（1）选择最适合你的对投资理念的描述。

A. 我的主要目标是得到最高的长期回报，即使我不得不忍受一些非常巨大的短期损失；

B. 我希望得到一个很稳定的资产增值，即使这意味着比较低的总回报；

C. 我希望在长期回报最大化和波动最小化间进行平衡。

（2）当你购买股票或者基金的时候，请对下列每个因素分别回答。

A. 非常重要　　B. 有些重要　　C. 不重要

①资产升值的短期潜力；

②资产升值的长期潜力；

③对于股票，这个公司被其他人收购的可能性；

④过去 6 个月盈余或亏损的情况；

⑤过去 5 年盈余或亏损的情况；

⑥朋友或者同事的推荐；

⑦股价或净值下跌的危险性；

⑧分红的可能性。

（3）你会把 5000 元投入到下面的项目中吗？请分别回答“是”或者“不是”。

①有 70%的可能性，你的资产翻一倍到 1 万元，而有 30%的可能性把 5000 元都输光，是/不是；

②有 80%的可能性，你的资产翻一倍到 1 万元，而有 20%的可能性把 5000 元都输光，是/不是；

③有 60%的可能性，你的资产翻一倍到 1 万元，而有 40%的可能性把 5000 元都输光，是/不是。

（4）假设你要在下面两只基金中做选择，你会选哪只？每只基金都含有 6 只不同种类的股票，在过去 12 个月中，表 2-2 和表 2-3 显示了每只股票的收益情况。

表 2-2　基金 A

股票	收益（%）
1	15
2	-8
3	25
4	12
5	8
6	-8

表 2-3　基金 B

股票	收益（%）
7	7
8	6
9	5
10	4
11	6
12	2

（5）如果你的 1 万元投资亏了 2000 元，你会怎么办？

A. 割肉，卖掉基金；

B. 保留着，有 50%的机会反弹，有 50%的机会再损失 2000 元；

C. 不知道。

（6）假设你在一只基金上投资了 1 万元，但一个星期亏了 15%，你看不出是什么原因，大盘也没有跌这么多，你会怎么办？

A. 补仓，再投入，降低平均投资成本；

B. 清仓，把所有的基金都卖掉，然后投入到一个波动小的基金中；

C. 卖掉一半基金；

D. 等着价格反弹再卖掉；

E. 什么都不做（觉得这是正常的）。

（7）表 2-4 显示了两只基金在过去两年中每季度的收益情况，你选择买哪只？

表 2-4 收益情况表

季度	基金 A（%）	基金 B（%）
1	8	4
2	-3	7
3	13	0
4	13	3
5	-12	3
6	24	1
7	-5	3
8	9	5

（8）作为一个投资者，和其他人相比，你怎么评估你的投资经验？

A. 非常有经验；

B. 比平均水平高；

C. 平均水平；

D. 比平均水平低；

E. 基本没有经验。

评分标准分别见表 2-5 和表 2-6。

表 2-5 评分

题序		分值				
（1）题		A—15 分	B—0 分	C—7 分		
（2）题	①题	A—0 分	B—1 分	C—2 分		
	②～⑤题	A—2 分	B—1 分	C—0 分		
	⑥～⑧题	A—0 分	B—1 分	C—2 分		

续表

题序		分值				
（3）题		是—5分	不是—0分			
（4）题		基金A—10分	基金B—0分			
（5）题		A—0分	B—10分	C—10分		
（6）题		A—15分	B—0分	C—5分	D—0分	E—10分
（7）题		基金A—10分	基金B—0分			
（8）题		A—20分	B—15分	C—10分	D—5分	E—0分

表2-6 评语

分值	建议
0～11分	请避免风险，买货币基金
12～33分	买低风险债券
34～55分	买高风险债券
56～77分	买股票债券混合式基金，大盘股票或者蓝筹股
78～99分	买股票和股票型基金。如果分低的话，买大盘价值型股票；分高的话，买小盘股票或者大盘成长股
100分及以上	去赌博

我希望每个准备投资的朋友都去做这个测试。这里没有哪种分数段好，哪种分数段不好的问题。这只是个人心理对风险承受能力的一个评估。

6. 结论：选择基金的关键

每个人的情况都不同，投资期不同，心理风险承受能力也不同。投资基金没有放之四海都可以通用的标准模式，而只有适合每个人自己的模式。

你一定要明确自己的投资目标，如果你是为自己准备养老金，也许你还有 20～30 年的投资期，而且你对投资的风险有足够的了解，心理承受能力也很强，那么，你就可以充分利用长期投资的优势，去寻求最大的收益，同时完全可以承受短期波动对你的心理带来的冲击。这时候，如果投资开放式基金，你就可以大着胆子选择最激进的股票式基金，而且可以选择那些投资中小企业的“中小盘”股票基金，也就是所谓的最激进、风险最大、收益最大的基金。

如果你在为幼儿园的孩子准备上大学的教育费用，也许有 10 年多一点的时间，你就得稍微稳重点，如选择投资大型企业的“大盘”股票基金。如果你对风险的承受能力不是很强，也许你就不能单单投资股票基金，同时还要再投资一些债券基金，以降低投入资产的总体波动幅度。

如果你的投资期只有 5～10 年，如你已经 50 多岁，那你一定要选择更稳健的投资方式。就算你心理素质很好，你也不能把你所有的资产都投资到股票基金里面，必须持有一定比例的债券基金。

如果你计划在 3～5 年后买房子，债券基金可能就是你的投资重点，至少债券和股票基金各占一半。

如果是再短的投资期，恐怕就要选择低风险的债券基金，甚至是货币基金。这样，你的风险很低甚至没有，也就基本能保证在投资期结束的时候你不会亏本。

投资不是冒险，希望的收益越大，承担的风险就越大；但并不是承担的风险越大，最后能得到的收益就一定越大。你在短时间内投资股票基金，承担了很大的风险，但很可能没有任何收益或者亏损。最终的亏损是谁都不想看到的，那你就必须去平衡收益和风险，包括心理承受的风险。

还要记住一件非常重要的事情：如果你有一个长期的投资计划，却选择一个风险小、收益小的投资方式，这也是非常不对的。就像咱们一辈子把钱存在银行里面而不投资，那肯定是很愚蠢的。

但你的投资期会有多长呢？你会说我还有 20 年才退休，或者说我的孩子还有 10 年上大学，或者说我没有 5 年内使用这些钱的计划，这其实都低估了你的投资期。你 20 年后退休，并不是你会一次性把所有的投资都赎回，甚至你也有可能退休后几年都不赎回，或者你会把投资作为一种遗产留给下一辈；上大学的学费也是一年一年地缴纳；而你 5 年以后的经济情况很可能会比现在好，投资很可能继续……所以，如果你只是按照你看得见的、确认的时期去计划你的投资，也许你会损失很多机会。

我虽然不推荐基金，但好多朋友依然要我来推荐或者评价一些基金组合。而且，一般的想法都是要推荐“激进的、涨得快的”等，说喜欢这种风格。非要推荐，我当然只能建议配置小盘基金。显然，他们一般的想法是这种基金会涨得快、收益大。

但“涨得快”只是这种基金的一种表现。激进的基金是涨得快，但也跌得快，这是必须明确的事情。激进并不意味着短期收益大，激进其实更意味着波动大、风险大。激进的基金在长时间内才会表现出优势，而不是在短期内，除非你刚好赶上一个上涨波段正在启动。这也就是所谓风险溢价，有风险才有溢价。

波动大、风险大就意味着你需要更高的风险承受能力，不仅仅是财务上的，也包括心理上的。如果你不能很好地评判自己的风险承受能力，只是一味地追求所谓的激进型基金，那很可能会事与愿违。广发小盘就是一个很好的例子。它是一个激进的基金，这和它的风格密切相关。涨得好的时候，很多人追捧；跌得快的时候，又会被唾骂。其实这就是它的风格，这是非常自然的一件事情。

别只盯着激进型基金，关键看你是否能承受得了。别去叶公好龙，否则当龙真的来的时候，又会被吓着。选择一个适合自己情况的投资对象，不仅可以把原来的风险化解，还能获得理想的收益。

第三章

“三步曲”之二：基金品种的选择

通过第一步，咱们基本上清楚了该买什么类型的基金。但是，同种基金之间却有较大的区别，如股票基金2007年就有上百只，而2006年的收益率是50%～180%，2007年截至10月底也是从70%到200%不等。如何从这些基金中发现优秀的基金为咱们服务呢？是不是收益率越高，基金就越好呢？诸如此类的问题一定会让我们觉得很困惑。显然，让我们自己把这近百只股票基金都好好研究是不可能的。好在有人专门在做这些基金评估/评级的事情，而且不止一家，如晨星公司、理柏公司、中信基金、银河证券等。在所有这些第三方评估/评级公司中，我最喜欢的是晨星。

1. 最好的基金评价网站——晨星

晨星网站是指晨星资讯（深圳）有限公司的官方网站，它成立于2003年2月20日，是美国晨星公司（Morningstar，Inc.）在中国设立的子公司，网站地址为：http：//cn.morningstar.com。

晨星公司是世界上非常著名的证券评估公司，不但评价各种开放式基金、封闭式基金，也对各种股票进行评价。除了在美国、中国设立公司评估证券市场，还在澳大利亚、加拿大、芬兰、法国、德国、中国香港、意大利、日本、韩国、荷兰、新西兰、挪威、瑞典、中国台湾、英国等地设立机构，因此可以看出它完全是一个世界级的公司，可以说晨星公司是世界上最著名的投资资讯公司之一。晨星公司进入中国后，就成为中国在这一领域的“领头羊”。虽然不少人对晨星公司也有微词，但它在中国国内的地位恐怕还是没有人可以撼动的。

中国晨星网站主要面向散户，“专注于帮助个人投资者做出正确的投资决策，通过客观全面的分析和比较，帮助人们确定完整的、合乎个人需求与特点的投资方案”。晨星认为：“个人投资者应当了解投资的过程和原则，在投资组合层面考虑投资策略和行为。因为能否实现适合个人境况和要求的理财目标，是衡量投资成功与否的唯一标准。”

“晨星坚持对证券和资产的基本面进行分析，并不预测股票价格在短期内的波动和走势，而是通过计算公司真正的内在价值，判定其市场价格是否背离了公司本身的价值；晨星自身并不进行基金和股票投资，这是凸显其评级和分析的独立性和客观性的首要保证。”

可见，晨星公司的成功是由其理念来支撑的。中国晨星现在提供的数据分析和服务还远少于美国晨星，而且也只涉及基金业务，但就是这点服务，依然确立了它在中国投资界的地位。

中国晨星提供的服务主要是对各只基金的评估和对基金相对情况的比较。我特别钟情于它的 3 个功能：①晨星评级；②基金龙虎榜；③基金投资风格箱。

（1）晨星评级。晨星的评级无论在世界上其他国家，还是在中国都具有权威性。投资基金却不知道晨星评级的人实在是非常不应该的。当咱们谈论到一个基金是五星基金还是四星基金的时候，就是在讲晨星的评级。

中国晨星每个月的月初都发布一个评级报告，对所有成立时间 1 年以上的基金分类进行评级，分为五星、四星、三星、两星和一星。五星最高，一星最低。

首先，晨星对我国所有的基金按照其标准进行分类。从 2006 年 10 月起，晨星将开放式基金一共分成 7 类：股票型基金、积极配置型基金、保守配置型基金、普通债券型基金、短债基金、保本基金和货币基金。而且，对前 4 项进行了评级，它们是股票型基金、积极配置型基金、保守配置型基金、普通债券型基金。在投资总额中，股票占 70%以上的基金称为股票基金，债券在 70%以上的称为债券基金，而两者之间的基金称为配置型基金。这种分类方法和咱们国家略有不同。

其次，对同类的基金进行排序。排序的标准是综合考虑业绩和风险，按照晨星自己的说法是考虑“风险调整后的收益”。我们知道收益是和风险挂钩的，高收益的基金意味着高风险。同样收益的基金，风险越小对投资者越具有吸引力。晨星有一套复杂的算法把风险折合成负收益，然后从净收益中扣除，也就是进行风险调整。然后，按照风险调整后的收益对同类的基金进行排序，收益最高的排在前列。排在前10%的基金被授予五星基金，其后22.5%的基金被授予四星基金，35%的基金被授予三星，22.5%是两星基金，最后的10%是一星基金。例如，2006年11月，按照晨星分类，有91只基金被列入股票基金，而其中的20只成立时间还不到1年，不进行一年期的评级。在参与评级的71只基金中，前7只基金被授予五星，其后的16只基金被评为四星，中间的25只基金被评为三星，而最后的7只基金被评为一星。

显然，晨星评级是一个相对评级而不是绝对评级，而且每个级别的“名额”是有限的。所以，也许彼此的业绩差别不是很大，但有时却差了一颗“星”，尤其是有成立时间满一年的优秀新基金出现时，就会占去一个名额，把同样优秀的老基金挤到下一个级别中。

晨星不但对过去1年的综合业绩进行评级，对过去2年和3年的业绩也进行同样的评级。在我国，基金短期评级成了重点；而在美国晨星网站上，评级是按照3年、5年、10年来进行的，其基本思想是让投资者更关注长期的业绩。

（2）基金龙虎榜。在龙虎榜里面，大家可以选择不同组别和分类的基金、不同公司的基金等。龙虎榜包括快照、业绩、投资组合、费用和状态共5类。快照里面包括晨星两年评级、今年以来的回报、净值情况；业绩榜具体内容包括最近一周到最近3年的业绩、成立以来的总业绩，另外还包括标准差和晨星风险系数；投资组合里面包括晨星风格箱、股票债券的仓位及基金规模；费用包括前后端申购费、赎回费、管理费和托管费，以及最小申购额度；状态是指现在这个基金是处于申购还是赎回状态。这个龙虎榜其实可以看作一个所有基金的对比总表。

（3）基金投资风格箱。晨星投资风格箱是晨星公司独有的创造发明。它将每只基金的投资风格进行分类，而分类的基础是每只基金的季报或者年报中公布的重仓股票。

如图 3-1 所示，投资风格箱显示为一个 3×3 的矩阵。纵轴描绘股票市值规模的大小：大盘股票、中盘股票和小盘股票；横轴描绘股票的价值—成长定位：价值型、平衡型和成长型。具体可以参见晨星公司网站上的“投资风格箱”的说明。

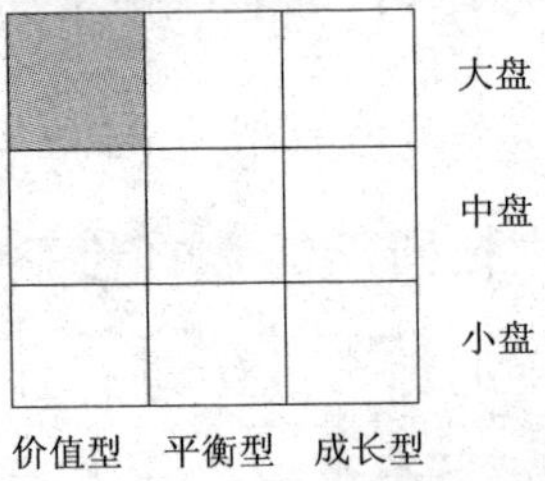

图 3-1　晨星投资风格箱

其实，要明确的是大盘基金、小盘基金不是指基金本身的规模，而是指基金投资的方向。如果基金投资大盘股那就是大盘基金；如果投资小盘股，那就是小盘基金——这和基金规模没有关系。一个 20 亿元的基金也可能是大盘基金，一个 100 亿元的基金也可能是小盘基金。

那什么是大盘股？什么是小盘股？不同机构的划分标准是不一样的。

先看晨星标准。

股票规模分类：对于中国 A 股上市公司，晨星按照总市值的规模将其股票划分为大盘、中盘和小盘 3 类。

具体划分标准如下：将股票按照其总市值进行降序排列，计算各股票对应的累计市值占全部股票累计总市值的百分比 Cum-Ratio，且 0<Cum-Ratio≤100%。

大盘股：累计市值百分比小于或等于 70% 的股票，即满足 Cum-Ratio≤70%。

中盘股：累计市值百分比在 70%～90% 的股票，即满足 70%<Cum-Ratio≤90%。

小盘股：累计市值百分比大于 90% 的股票，即满足 Cum-Ratio >90%。

这个定义并不容易看懂。其中最重要的一句话是：将股票按照其总市值进行降序排列，计算各股票对应的累计市值占全部股票累计总市值的百分比 Cum-Ratio。

还是举例说明吧。晨星把所有股票按市值从大到小排队。假如股票市值分别为 5、4、3、2、1。然后累加起来就是 5、9（=5+4）、12（=5+4+3）、14（=5+4+3+2）、15（=5+4+3+2+1）。这样各个股票对应的累计市值的百分比 Cum-Ratio 就是 33%、60%、80%、93%、100%。按照晨星分类，前两个（市值为 5 和 4）是大盘，中间一个（市值为 3）是中盘，最后两个（市值为 2 和 1）是小盘。

再看广发小盘的定义。

每半年将对中国 A 股市场中的股票按流通市值从小到大排序并相加，累计流通市值小于总流通市值 50%的股票归入小市值公司股票集合。

按照上面的例子，从小到大的排序就是 1、2、3、4、5。那累计市值就是 1、3、6、10、15，占总市值的比例就是 6.6%、20%、40%、66%、100%。那对于广发小盘来讲，市值是 1、2、3 的为小盘，市值是 4、5 的为大盘。

由于分类标准不一样，在某些情况下，晨星分类的大盘股会被广发小盘分类到小盘里面。而且，由于市场的变化，股票市值也会变化。原来的小盘股可能会升值到大盘去，这就是广发小盘大量抛出洪都航空股票的原因，也就是所谓热闹一时的“洪都事件”。因为广发小盘定义它们持有的小盘股票必须超过 80%，当小盘股涨成大盘股的时候，只好抛出。

对小盘股的投资是有些困难的，越小盘的股票越难投资。所以，我猜想广发小盘更多的是投资在它们定义的小盘中的市值较大者，也就是偏大的小盘上面。这就是为什么广发小盘很多时候被晨星分类到大盘基金里面的原因。

同样，价值型基金或者成长型基金都是指基金投资的股票的类型，就是投资价值股的基金叫价值型基金，投资成长股的基金叫成长型基金。那什么是价值股？什么是成长股呢？

咱们先不说股票投资，先说投资二手房。如果投资二手房是为了转手再卖获得利润的话，一般有两种房子会考虑。

第一种是房子一般、地段也一般、装修还是一般，但和同类的房子相比，它价格低！可能是原来的房主急需现金，结果把房子打折出售。原来 40 万元的房子，现在只卖 20 万元。这可是个便宜货，当然有投资价值。

第二种是价格不打折，但是房子新、地段好、装修豪华，也就是说具有巨大的升值潜力。虽然这类房子开价就是 80 万元，但还会涨，那这种房子也有投资价值。

如果把上面的房子改成股票，第一种就叫价值股，第二种就叫成长股。投资第一种股票的就叫价值投资，投资第二种股票的就叫成长投资。

股票是有销售价格的，但也有其内在的实际价值。如果价格低于价值，也就是股票在“打折”销售，那这种股票就叫价值股，也可以说这是一种“便宜”的股票。不过，咱们可以认为最终股票的价格会回归到股票的价值上去，或者说真实价值将被市场接受，也就是不会永远打折销售，股票价格最终会涨上去的。这就是价值投资的基本思想。

股票实际上代表对企业的拥有权。如果一个企业持续健康发展，利润不断增加，那它的股票价格自然就会涨上去。看准了这种公司的股票去投资，自然就会赚钱，这就是成长投资。

显然，这两种投资思想都很有道理。这就是股票投资的两大类型。

价值投资的鼻祖是巴菲特的老师格雷厄姆，而成长投资理论可以说是从费雪开始。巴菲特说他自己是“85%的格雷厄姆加 15%的费雪”，也就是说他是一个价值投资和成长投资的综合体。

但这两种投资思路也各有各的困难。

对于价值投资，怎么定义股票的实际价值就是一个大问题。不同的人用不同的方法对公司的内在价值进行评价，结论都不一样。这就直接影响了对是否进行投资的评断。

对于成长投资，如何预测公司会有很大的潜力（成长性）就是一个大问题。也就是说，咱们怎么能预测出这个公司将来的利润会节节高，会给股票持有人赚钱。其实，如果看准了，即便现在的价格比价值还高，那也没有关系。

一般来讲，价值投资的风险比成长投资的风险低一些。价值投资是投资在打折的产品上，成长投资是投资在未来的收益上。美国网络股的泡沫实际上就是对股票成长性的估计过于乐观而造成的，虽然当时大量的网络股还没有赚钱，但当时最时髦的一句话是“利润不是问题”。

不过很多大师并不这样狭义地区分价值股和成长股。巴菲特说过，把股票分成价值型和成长型是愚蠢的。

其实，对股票的评价根本是看其有没有投资价值，也就是能不能赚钱。无论价值股也好，成长股也好，核心还是看它能不能给我们带来收益。看到过一本书，把巴菲特、格雷厄姆、费雪和林奇全部称为价值投资大师。这话也不错，因为他们都能发现股票的潜在价值，最后给投资人赚钱，我想这就是核心。

晨星把每只基金都分成狭义的价值型、成长型或者平衡型，它用“衡量价值—成长定位的10项因素”来判定。但我相信基金公司的模型更为复杂，并不是任何一只股票都可以被定义为价值型或者成长型的，否则，不是所有的股票都有投资的价值了？

大师的高明之处就是能看到股票背后的东西，基金经理也在做类似的工作，这就是所谓的基本面分析。与之相对应的是股票的技术分析，它更多的是用以前的数据来预测将来的发展。近年来，技术分析好像越来越不时髦了。

相对而言，价值投资策略比成长投资策略风险小，而投资大盘股比投资小盘股风险小。风险在晨星投资风格箱中从上到下、从左到右递增。同时，投资成长股或者小盘股，风险大最终收益也会大。也就是说，在整个风格箱中，左上角大盘价值投资型基金风险最小，收益最小；而右下角小盘成长型基金风险最大，收益最大。例如，广发基金公司的广发小盘成长基金和广发大盘成长基金相比，广发小盘的激进程度就比广发大盘大，那长期投资可预见的收益也要大。

上述 3 个部分，是我认为晨星网站中最具有价值和特色的部分，对我们的投资有非常好的指导作用。

另外一个，就是晨星在 2007 年推出的“组合透视”功能。咱们可以把自己的组合让晨星网站的透视功能检验一下，晨星会给出一个当前组合的风格箱。其实，只要理解了风格箱的含义，就很容易体会到透视功能的作用。当然，晨星网站上还有许多有用的信息可以供大家参考，而且它也在不断更新和完善。不过，2007 年改版以后，有些功能的使用是要收取费用的，如“组合透视”功能。

总之，晨星网站是一个非常好的网站，晨星公司也是一个非常权威的投资资讯公司。充分利用晨星的信息，是一个成熟的投资者常用的手段。

2. 优秀基金公司是首选

晨星公司给我们提供了一个非常好的基金分析平台。在这个平台上，我们几乎可以得到我们希望得到的所有信息。但即便是五星基金，也给了我们很大的选择范围。而且，基金的评级是一个月一评，随着时间的变化，基金的等级总有变化。全部选择五星基金，而且跟着评级来调整持有的基金是一个办法，但不是一个好办法。在基金之间跳来跳去，就像是在买票窗口的队伍中间跳来跳去一样，经常得不到一个令人满意的结果，所以我们必须在选择基金的时候就下足功夫。

我们投资的是独立的基金，但每个基金后面都有一个基金公司。基金表面上是由基金经理来掌控，而实际上每个基金后面都有一个庞大的研究团队，包括决定投资的行业、股票范围的投资决策委员会、投资总监、研究员，他们通过研究给基金经理提供一个用于投资的“股票池”；还有进行风险控制、防止失误的风险控制委员会、督察长、督察稽核部，他们对投资环节进行严格的风险控制和实时监控。而基金经理主要是负责资产配置，构建投资组合。我很喜欢这种形容：如果基金公司像一个足球队，那基金经理是前锋，研究员是中场，而风险控制是后卫。基金公司的总体实力是由各个部分构成的，每个部分都非常重要。

一般来讲，基金公司对投资都有一套严密的程序，但对于我们局外人来说，内部的流程和投资思想并不容易看到，我们所能评估的也就是它们产品的情况。一花独放不是春，百花齐放春满园。一个基金公司有一只明星基金并不奇怪，但如果所有基金综合情况都比较优秀，那是不是可以说，这个公司的综合实力要比其他公司强呢？根据这一思想，咱们依然采用晨星评级，根据一个公司下属的所有基金的评价等级来对基金公司的总体情况进行一个评判。

例如，广发基金公司，2006 年 9 月有 3 只基金参加晨星评级，它们是广发小盘成长、广发稳健和广发聚富基金。它们全部在各自的类别中被评为五星基金。那我就认为，平均下来，广发基金公司的评级就是五星。到 2006 年 10 月，广发稳健和广发聚富基金掉落一个星等，均被评为四星，广发小盘基金仍然是五星，这样广发基金公司 10 月的平均成绩为 4.33 个星。

对于几家主要的基金公司，我们来看看 2006 年 9 月和 10 月的情况，见表 3-1 和表 3-2。

表 3-1　2006 年 9 月部分基金公司综合业绩

基金公司	五星基金（只）	四星基金（只）	三星基金（只）	二星基金（只）	一星基金（只）	参评基金（只）	平均星等（个）
广发	3					3	5.0
上投摩根	1					1	5.0
易方达		2	1		1	4	3.0
华夏	1	2	2		1	6	3.33
富国	1	2		1		4	3.75
景顺长城	1		2	1		4	3.25

表 3-2　2006 年 10 月部分基金公司综合业绩

基金公司	五星基金（只）	四星基金（只）	三星基金（只）	二星基金（只）	一星基金（只）	参评基金（只）	平均星等（个）
广发	1	2				3	4.33
上投摩根	2					2	5.0

续表

基金公司	五星基金（只）	四星基金（只）	三星基金（只）	二星基金（只）	一星基金（只）	参评基金（只）	平均星等（个）
易方达		1	1	2		4	2.25
华夏	2		1	3		6	3.17
富国		3		1		4	3.25
景顺长城	1	2	1	0		4	4.0

从这两个月的情况来看，上投摩根和广发基金公司占有相当大的优势，两个月的平均评价分别是5个星和4.7个星，而其他基金都不到4个星。上投摩根和广发基金公司也是2007年最热门的基金公司，我想这和它们的业绩是分不开的。从我个人来讲，我也非常喜欢这两个公司，它们的基金构成了我自己投资的核心部分。

上述对基金公司的评价方法也许并不是一个非常科学的办法。例如，有些公司参评的基金很少或者很多，有些公司的基金都集中在一个基金分类里面，而有些公司则覆盖从股票到债券所有类型的基金，另外，晨星评级的“名额”也会让收益相差很小的两只基金分属不同的级别，这些都会在不同的程度上影响某段时期的评级结果。但至少这是一种可行的方法，可以“定量”地看待一个基金公司。

我一直认为，在我国现在的情况下，选择一家好的基金公司甚至比选择一只好基金更重要。综合业绩当然是要考虑的一个重要方面，但基金公司的服务也是我们必须考虑的另外一个方面。我们把自己的资金让基金公司帮我们去投资，首先一条是我们必须相信这家公司会尽心尽力为我们服务，这是最基本也是最核心的要求。在股票选择上的失误，或者在风险控制上的缺憾都会影响我们的收益，但基金公司管理是否规范、可靠，更是我们需要关注的问题。如果一家基金公司陷入某种丑闻或被揭发出违纪违规现象，这就需要我们给予高度重视了。无论是什么类型的违规操作，请你一定相信，咱们在这些操作中一定是受害者而不是受益者。

在此，也顺便说一下基金经理的问题。基金经理是管理一只基金的核心人物，他的专业水准直接影响到我们的切身利益。一般来讲，考察一个基金经理的重要指标就是他的从业时间。你千万不要相信一个刚刚毕业的投资专业的博士生会比一个在市场上摸爬滚打了七八年的本科毕业生更会打理你的钱财。

投资在很大程度上是由经验来构成的：一个理想的基金经理应该同时具有股市上升（牛市）和股票下降（熊市）的投资经验。一只理想的基金应该是被同一个基金经理运营了较长的时间。也就是说，一个经验丰富的基金经理经营了较长时间的基金是一个好的投资标的，但这种基金在中国的基金业是比较难找的。一是，咱们国家的基金发展历史并不长；二是由于各种原因，基金经理的稳定程度也不够高。

要注意的是，无论在什么基金评级体系里面，基金经理的更迭都不会直接影响基金的评级。这样，如果一个基金经理离任，那你恐怕就要对这个基金加倍小心。新的基金经理是否可以延续老基金经理的投资策略和投资手法就是一个咱们必须关注的问题。2007 年闹得沸沸扬扬的一个事情，就是上投摩根基金公司的投资总监兼上投优势基金经理的吕俊辞职，对上投摩根的持有人而言就是一个沉重的打击。基金经理如果是在本公司内部的工作调整还好说，如果跳槽到另外一家公司，对该基金的业绩就会有较大的影响。不过，那些喜好跳槽的基金经理也不是我所喜欢的经理。

总之，基金公司和基金经理都是我们需要首先关注的对象。

3. 资产配置比率：选择基金的核心

选择了一家好的基金公司，下一步自然就是在好的基金公司里面选择适合咱们的“好”基金。

咱们都知道有不同类型的基金，如股票基金、配置基金、债券基金和货币基金之类，也知道这些基金的风险是从高到低排列，长期收益率也是从高到低排列。但在中国市场上，似乎并没有一个“纯正”的股票基金，因为几乎所有的股票基金在投资股票的时候，也投资一些其他的品种，只是比例份额多少不一。如按照晨星的分类，投资股票占总投资70%以上的基金都归类于股票基金，但显然是投资95%股票和投资70%股票的基金之间会有不小的区别。股票投资越多，长期收益就越大，波动当然也越大。例如，上投基金公司发行的股票基金有3只：上投先锋、上投优势、上投阿尔法基金。它们之间到底有多少区别？为什么咱们会说这3只股票基金会比上投双息基金要激进？又如，上投阿尔法基金和广发聚丰基金、广发聚富基金之间哪个更激进、哪个更保守呢？

通过“投资风险心理承受”测试，你大概知道了你希望的基金是什么样的，所以你必须去了解基金的特性，才能取得风险和收益之间的平衡。

基金的特性主要取决于两个方面：一方面，投资策略，也就是会选择什么样的股票；另一方面，资产配置，也就是一个基金中股票和债券所占的比例。投资策略是很重要的问题，但说老实话，我看了很多基金的策略，并没有看出太多的名堂，而且在中国的股票市场，你也很难严格地讲股票分类，如什么是价值型股票，什么是成长型股票。所以，对这件事情，我的心得就是由基金经理去考虑。

但有一点我们是可以把握的，就是资产配置的问题。资产配置在很大程度上决定了基金的激进程度，而且资产配置是在基金发行公告里面公开披露的，并且是要由基金经理严格遵守的。

先以上投基金公司的基金为例。

上投基金公司发行的3只股票基金是上投成长先锋、上投阿尔法、上投中国优势基金。哪只更激进，也就是哪只风险更大而收益更多？其实，答案从基金公司公布的基金招募说明书中可以看到，只是恐怕没有几个人会去看。在招募书中明确写着：

上投成长先锋基金：“本基金投资组合中股票投资比例为基金总资产的70%～95%，债券及其他短期金融工具为0～30%，并保持不低于基金资产净值5%的现金或者到期日在一年以内的政府债券。”

上投阿尔法基金：“本基金投资组合中股票投资比例为基金总资产的60%～95%，其他为5%～40%，并保持不低于基金资产净值5%的现金或者到期日在一年以内的政府债券。”

上投中国优势基金：“本基金投资于股票的比例为基金资产总值的30%～95%，投资于债券的比例为基金资产总值的0～50%，但现金或到期日在一年以内的政府债券不低于基金资产净值的5%。”

现金和政府债券是为了确保基金持有人正常赎回而保留的，一般都不能低于5%，否则基金就得抛售股票换取现金，这样就大大影响了基金的投资收益，所以股票最大的比例就是95%。显然，股票比例越大，风险和收益就越大。从这点上就可以看出，当市场情况好的时候，也就是我们所说的牛市，上投成长先锋基金、阿尔法基金和中国优势基金都有可能全部持有股票，从而获得牛市中股票上涨的好处。但上投成长先锋基金所持股票的下限是70%，阿尔法是60%，中国优势是30%，也就是在熊市（股票市场下跌）的时候，上投成长先锋也必须保留70%的股票，阿尔法要保留60%的股票，中国优势则只保留30%的股票，其他的资金要么投资债券，要么持有现金。熊市股票下跌，当然持有股票的份额越多，基金净值跌得就越多。所以，上投成长先锋比阿尔法要激进，阿尔法比中国优势要激进。

再来看看上投双息平衡基金："在正常市场情况下，本基金投资组合中股票投资比例为基金总资产的20%～75%，债券为20%～75%，权证的投资比例为基金净资产的0～3%，并保持不低于基金资产净值5%的现金或者到期日在一年以内的政府债券。""在极端市场情况中债券投资的最高比例为95%，股票投资的最低比例为0。"显然这是一个平衡基金，它肯定比中国优势更平稳，当然长期收益也会更低。

再看广发基金公司的几只基金。

广发聚丰基金：股票比例为60%～95%，债券比例为0～35%；

广发聚富基金：股票比例为20%～75%，债券比例为20%～75%；

广发稳健基金：股票比例为30%～65%；

广发小盘基金：股票比例为60%～95%，债券比例为0～15%；

广发策略优选基金：股票比例为30%～95%，债券比例为0～65%。

广发小盘主要投资中小盘股票，所以虽然它的股票持有率和广发聚丰相同，但依然比广发聚丰激进。广发策略优选也是一个平衡基金，它的股票和债券的持有率跨度很大，按照广发公司自己的评估，广发策略优选的投资风格介于广发聚富和广发稳健之间。这样从基金的激进程度看，如果从高到低排列，广发小盘最高，然后是广发聚丰、广发聚富、广发策略优选和广发稳健。

对比两家公司，咱们也可以看出，广发聚丰和上投阿尔法基本在一个风险和收益水平上。

咱们可以自己比较各种基金，这样就会知道哪些基金是咱们所需要的。但要注意，即便是同样风险和收益水平的基金，也不意味着同涨同跌，只是从长期来看，风险和收益应该在同一个水平上面。

显然，不同配置的基金，其收益和风险都是不一样的，也就是说你不能单纯地比较两只基金的收益，如拿上投双息和广发聚丰来比较，因为这样比较是没有意义的。短期来看，上投双息也许会比广发聚丰收益好；但从长远来看，广发聚丰一定比上投双息涨得多。这是由资产配置决定的，而资产配置比例是在基金招募书中严格规定的，如果要修改也必须先更新基金招募书。基金招募书相当于基金的“宪法”。

4. 技术统计资料：选择基金的参考

基金的配置从根本上决定了基金的风格，但基金运作统计资料是不是也会反映同样的问题呢？答案是肯定的。

中国晨星网站有成立 1 年以上基金的主要数据。晨星除了每月进行星级评定，还给出了这些具体数据，用来供投资者进行参考。事实上，从这些数据里面可以看出比单纯评级更多的东西，只是很少人去看它们，去理解它们的含义。

在基金投资中，我们最应该关心两件事情：收益和风险。收益比较好测量，从晨星网站上的收益排行榜很容易看到 1 周、1 个月、3 个月、6 个月、1 年，甚至两年的收益情况和排名。

但风险怎么量化呢？虽然晨星排行榜上也有风险一栏，但到底两只资产配置基本相同的基金哪只更激进，哪只更稳健呢？如何在收益和风险之间选择平衡呢？是不是有更多的统计数据可以让咱们参考呢？答案也是肯定的。

在中国晨星网站上，无论你通过什么方式搜索到一只基金，都有“风险评估”一栏。如果是一只 1 年以上的基金，也就是参加评级的基金，在这项里面会有 6 个指标：平均回报、标准差、夏普比率、阿尔法系数、贝塔系数和 *R* 平方。

举个例子，按照晨星公布的截至 2006 年 9 月 22 日的统计数据（见表 3-3），看 3 只我喜欢的基金：中国优势、广发聚富和广发小盘。

表 3-3　3 只基金的统计指标

	中国优势	广发聚富	广发小盘
平均回报（%）	105.97	92.76	112.45
标准差（%）	28.12	20.39	26.84
夏普比率	2.51	3.13	2.74
阿尔法系数	26.84	35.39	35.80
贝塔系数	1.14	0.81	1.04
R 平方	0.67	0.66	0.63

说老实话，这些数据的具体定义非常枯燥，而且怎么算出来的我也不清楚，恐怕只有专业人士才知道。但基本能明白比较这些数字可以发现什么，对散户才是重要的。

平均回报我想是按照该年到统计时的数据去推算一年的总回报。从这 3 只基金的收益来看，广发小盘最好，中国优势次之，广发聚富最差。当然是总回报越大越好。

标准差是表现基金增长率的波动情况，也就是平均涨跌幅度的变化。标准差越大，说明基金收益的变化越大。显然中国优势波动最大，广发小盘次之，广发聚富最小。波动反映短期风险，显然中国优势短期风险最大，而广发聚富最平稳。

夏普比率是综合了收益和风险的系数，基本上是收益除以风险，数字越大说明收益和风险比越高。夏普比率高，也就是说在收益相同的情况下波动就低；反之，在风险相同的情况下收益就高，也就是高收益低风险。在这 3 只基金中，广发聚富最好，广发小盘次之，中国优势最差。当然，收益小风险也小的基金，很可能夏普比例也高，如债券基金。所以，比较夏普比率一定要在同类基金中进行比较。从表 3-3 中可以看出，对于这 3 只基金，如果你喜欢高收益的，选择广发小盘；如果你喜欢平稳的，选择广发聚富；如果要在收益和风险中得到一个平衡，也选择广发聚富。这个结论基本上和从资产配置上得到的结论是一致的，其实这本来就是因果关系。

阿尔法系数代表基金能在多大程度上跑赢整个市场，也就是我们所说的大盘。当然是数值越大越好，也就是说基金的收益能超越市场。比较下来，广发小盘跑得最快。

贝塔系数也能表现基金相对于大盘的波动情况。如果是一个指数基金，那贝塔系数就是1，因为指数基金是完全按照大盘情况来设置的。贝塔系数比 1 大，说明基金比大盘波动还要大，也就是短期风险比大盘还大；比 1 小，说明比大盘波动小，风险比大盘小。中国优势波动最大；广发聚富最小，甚至比大盘波动还小，也就是比大盘还平稳。

R 平方代表基金和大盘的相关性。如果是 1，表示和大盘完全相关；如果 *R* 平方和 1 相差很大，贝塔系数就没有什么意义了。

简单地说：平均回报和阿尔法系数都代表收益，当然越大越好；标准差和贝塔系数代表波动，也就是短期风险，数值越小基金表现得越平稳；夏普比率是收益和风险两者的综合，在收益或者风险相同时，越大越好。

需要再次强调的是：必须要在同类基金中进行比较，也就是相对于同样的资产组合标准。用股票基金和债券基金去比较是没有任何意义的；而且这些系数彼此得到的结论有时候是不统一的，甚至不同基金评估公司算出来的数据都不大一样，但从这些数据中还是可以看出一些眉目来的。

再来看看 2006 年表现不太好的一只股票基金——万家公用

事业：

平均回报： 26%

标准差： 16%

夏普比率： 1.27

阿尔法系数： -7

贝塔系数： 0.69

R 平方： 0.72

可以看出，万家公用事业的平均回报远远低于前面说的几只基金，但波动比广发聚富还平稳，也就是短期风险小。可只是波段平稳却没有收益有什么用？从中也可以看出夏普比率就很低；阿尔法系数居然是个负数，也就是落后于大盘。

当确定了投资方向和风险承受能力后，当咱们具体想比较几只基金优中选优的时候，如到底是选择中国优势还是选择广发小盘、富国天益和易方达策略的时候，这些指标会给咱们一个很好的参考。

不过，咱们国家的基金发展的时间还很短，而这些数据都是统计得来的，可能还不具备太大的代表性和权威性，但至少是个选择基金时的参考。

5. 别患“净值恐高症”

当面对一堆基金的时候，或准备购买基金的时候，突然会发现不同基金的“价格”居然相差很多。我们知道开放式基金的买卖价格就是其净值。新发行的基金 1 元 1 份，而一些老基金一般 1 份在 1 元以上，甚至还有 1 份两元以上的。这就会给我们带来一个问题，买哪种基金合适呢？1 万元可以买 1 元的基金 1 万份，买 2 元的基金就只能买 5000 份了。而且，2 元的基金都涨了那么多了，从 1 元涨到了 2 元，已经涨了 100%，还能再涨上去吗？还有上涨空间吗？1 元的基金多便宜，而且本来就只有 1 元，跌还能跌到哪里去？现在买的份数多，以后分红也会多啊。还有很多类似的问题，而且这些问题似乎都非常合理，都明确地让人们感到买便宜货当然是首选。

事情果真是这样吗？真的是基金净值越高风险越大吗？咱们应该患“净值恐高症”吗？我的观点恰恰相反，我是“净值恐低症”。

先假设两个开放式基金，它们采用同样的投资策略、同样的投资组合，在同一时候保持同样的股票仓位，甚至有同样的基金经理，也就是基本上同样的基金。但它们重要的区别是净值不一样：基金 A，现在净值 1.5 元；基金 B，净值 1.1 元。

当手上有 1 万元的时候，可以买到 6667 份 A 基金，9091 份 B 基金。显然买基金 A 比买基金 B 少了 2400 多份。

由于采用了同样的投资方法，甚至买了同样的股票。一年以后，基金 A 拥有的股票涨了 10%，净值到了 1.65 元；基金 B 同样也涨了

10%，净值到了 1.21 元。总资产价值是持有份额和单位净值的乘积，那如果咱们当初持有 6667 份基金 A，总价值就是 6667×1.65 = 1.1 万元；如果持有 9091 份基金 B，总价值是 9091×1.21 = 1.1 万元。无论持有基金 A 还是基金 B，最后的基金总价值都是 1.1 万元，都是赚了 10%。这两只净值不同的基金，如果投资方式一样，那咱们无论购买哪只基金，它们都会一起涨一起跌。

一样的投资方法，就意味着同样的收益率，也意味着同样的风险。收益只和你的投资总额和单位基金的涨跌比率有关，和净值高低及份额多少没有关系。

有时候有人会用绝对净值增长率来看问题，说如果净值 1 元和净值 2 元的基金各涨 1 角，净值 1 元的收益是 10%，而净值 2 元的基金才是 5%，当然是买净值 1 元的划算。其实这就是没有搞清楚在同样投资方式下，净值的增长是按相同比率而不是相同绝对值来进行的。给大家一个例证：随便选择美国 3 只指数基金，它们都追踪美国的标准普尔 500 指数，所以投资策略、投资风格、股票仓位都是一样的。唯一不同的是它们成立的时间不同，当前的最终净值也就不一样（见表 3-4）。

表 3-4 3 只标准普尔 500 指数基金的比较

基金名称（代码）	2003 年 1 月 2 日净值（美元）	2006 年 11 月 8 日净值（美元）	增长率（%）
United Association S&P 500 Index I (UASPX)	6.16	10.2	65
Morgan Stanley S&P 500 Index A (SPIAX)	9.43	15.06	60
Vanguard 500 Index (VFINX)	78.67	127.55	62

可见，虽然它们的净值有很大的差别，从10多美元到120多美元不同，差距10倍，但净值增长率基本相同（细微的差别是由管理费不同造成的）。也就是说，这3只基金里面，无论你投资哪支，情况都差不多，而且它们的风险也一样。

净值是由基金的总资产除以基金的总份额得到的。基金公司经营得好坏就是看总资产的增长情况。总资产的增长有两个方面，一个是基金份额的增加，另一个是单位份额价格（也就是基金净值）的提高。撇开基金总份额的变化，假设一个基金没有新申购也没有赎回，那总资产的变化就单单反映在净值的变化上面：资产增加，净值就高；资产减少，净值就低。也就是运行好的基金净值就高，运行不好的基金净值就低。如两个同期成立的基金，而且都是股票基金，都经过一年的运行，一个净值涨到1.1元，一个净值涨到1.5元。也就是在这一年里面，一个赚了10%，一个赚了50%。你说哪只基金好？哪只值得你再投资？所以我是“净值恐低症”。

那净值的增长有顶吗？结论是净值没有顶。其实股价也是没有顶的，只要这个公司不停地赚钱，股价当然也就不停地上涨（短期由投资者心理和政策变化带来的波动不算）。

净值越高风险就越大吗？基金公司是一家投资公司，只是专门投资证券而已。投资越好，总资产就越多，净值也就越高，咱们的收益也就越大。你会说一家投资公司的总资产越多，经营得越好，风险就越大吗？显然不会。总资产没有顶，基金的净值也没有上限。

为什么会产生“净值恐高症”？是因为咱们把对股票的理解加到了基金头上。基金公司的操作实际上是在低价位的时候买入一只股票，当股票涨到一定价位的时候，股票的风险增加，基金公司就卖出，风险也就跟着消失了。资产从股票变成了现金，净值没有降低。卖出以后，基金持有股票的风险就没有了，因为手上全部是现金，哪里有风险？这时候再买入低价格的股票，再等着涨，风险高了，再卖出。结果总资产在增加，净值也在增加，但风险并不随着累计。

所以，基金的风险来自其手中持有个股的风险。股票越多，风险越大，因为股票短期波动幅度是很大的，但这和基金净值绝对值的高低没有关系。

前面举的美国一个很著名的基金——先锋标准普尔指数 500 基金（Vanguard 500 Index），2006 年的净值是 127 美元，但 20 世纪 80 年代末创立的时候是 20 美元。我想也许几十年以后，中国也会看到净值 100 元的基金，这并不是不可能的。

再举一个例子。同是富国基金公司的基金，富国天益基金 2006 年 9 月 3 日净值是 1.0368 元，而富国天利基金净值则是 1.0925 元。富国天利基金的净值比富国天益高。富国天利是债券型基金，而富国天益是股票型基金，后者的风险要远远高于前者。所以，也可以看出净值的高低和风险、收益都是没有关系的。购买基金的时候，基金净值高低根本不是一个应该考虑的因素。只要明确了净值的计算方法和基金购买股票、债券的运行方式，就不会担心净值的问题，当然也不会相信基金净值不会低于 1 元的“神话”。事实上，在 2007 年市场几次大的调整阶段，不少新基金或者刚刚“净值归一”的基金净值都曾跌破过 1 元。

6. 要抢购新基金吗

“净值恐高症”最明显的表现就是抢购新基金。

随着基金业的发展，大多数基金公司每年都成立一些新的基金（按照咱们国家2007年的规定，一个基金公司每年可以成立两只以下的新基金。现在放开了，新基金数目没有限额了）。2006—2007年，新基金的销售可以说是火爆异常，几乎所有的基金都被抢购一空，而且很多基金不得不提前结束销售。市场的火爆产生了大量规模巨大的基金，如广发策略优选基金销售规模接近180亿元，嘉实策略则达到400亿元。一些基金公司也试图限额销售新基金，但几乎所有基金都突破了限额。

2007年春季以后，几乎所有的新基金都得采用限量配售的办法来控制规模，但100亿元以上的新基金随处可见。其实，新基金巨大的销售额，会给基金公司带来巨大的效益。一般新股票基金的认购费用是1.2%，那么一只100亿元的基金，光认购费用就有1.2亿元的收益。同时，基金的管理费用更为庞大，按照1.5%计算，每年的收入就达1.5亿元。显然，火爆的新基金销售，会让基金公司眉开眼笑。

但新基金到底会给投资者带来什么好处呢？投资者真有必要去抢购新基金吗？答案是否定的。

（1）先来看看新基金的基本特点。基金公司在发售新基金前，会公布基金招募书并任命基金经理，同时一些新基金也会设定一个大概的发售规模，以防止销售规模太大，因为太大规模的基金在管理和运作上都有些问题。购买新基金的标准说法是认购新基金。认购新基金的价格都是 1 元/份，基金的认购费用也比基金成立以后的申购费用要低，如股票基金的认购费是 1.2%，而申购费一般是 1.5%。新基金认购结束后，一般有少于 3 个月的“封闭期”，也叫基金“建仓期”。在封闭期，基金公司和基金经理拿着这笔钱就开始按照基金招募书规定的投资策略和基金备案条件逐步投资证券市场，这称为“建仓”过程，也就是把基金的股票“仓库”建立起来。为保证基金顺利建仓，任何人在封闭期内都不能赎回已经认购的基金，也就是不能把钱拿回来。简单地说，新基金的优点是便宜；缺点一是有封闭期，二是没有历史。咱们并不知道这个基金、这个基金经理到底怎么样，当然也不会有晨星评级，不会有任何统计资料可以供我们参考。

我将认购新基金比喻成“指腹为婚”。

为了避免误解，必须先说明：老基金当然是指优秀的老基金，是那些经过封闭期，又经过几个月到半年，甚至一年考验的优秀老基金；而新基金，主要是指开始认购的基金。

在认购新基金之前，应该知道点什么呢？肯定是要关注一个优秀的基金公司，也要关注这个公司下面的其他老基金，还要关注新基金的基金经理是谁，也许还要关注这个新基金的投资理念。

再回到我的比喻里面，基金公司就像是一个大家庭，优秀的基金公司就像有殷实的家业、优良的家风、良好的教育的大户。那个新基金还是一个未出世的孩子，而老基金当然是已经长大的孩子，是新基金的哥哥或姐姐。新的基金经理就像父母，他直接掌控着新基金的命运。而新基金的投资理念，更像孩子的优生优育和未来的培养计划和政策。

但对于这个未出世的孩子，咱们其实完全不知道他长大以后会变成什么样。那么购买一只新基金，不是和“指腹为婚”没有多大区别吗？咱们当然希望这个孩子长大以后能随咱们的心愿，可谁能保证这点呢？其中的风险不言而喻。

新基金的确有一个优势，购买成本低也就是净值低，只是1元。这样，相同的资金可以买到更多份额的基金。这是不是像订婚的聘礼？“指腹为婚”的时候，聘礼肯定少。等人家到了如花似玉的年龄，再去打主意，那当然得多花点功夫。

为了早点把自己的孩子嫁出去，那一大家子（基金公司）就花了很大的功夫包装这个未出世的孩子。认购费比申购费低，投资策略也很吸引人，但最终结果如何，只能像俗话说的那样，“是骡子是马，拉出来遛遛”。

所以，必须意识到认购新基金的风险。诚然，可以选择优秀的基金公司、老练的基金经理和非常有说服力的投资策略，但新基金仍然是新基金，在所有东西都没有磨合好之前就匆忙购买，我不认为是好的选择。

（2）新基金有3个月的封闭期。没有人能预料这3个月内市场的行情是什么样的。如果市场是在一个高位或者没有很多理想的、可以投资的对象的时候，基金经理依然不得不建仓去购买股票，这同样是个风险。开放式基金本来是一个流动性非常好的投资对象，可以随时购买、随时卖出，但封闭期就使这一优势在这段时间中荡然无存。定期存款还可以提前支取，最多损失一些利息，但基金封闭后是什么操作都不能执行的。万一咱们有急需，也只能眼睁睁地看着那些钱不能动。

新基金是比老基金便宜，但我觉得为这点收益而冒风险是不值得的。

有人把新基金和股票中的原始股相提并论，这也是很不对的。中国很多人去炒新股，所以把炒新股的概念也转换到新基金上面来，这也是大大的误区。新股很可能在被市场检验前，价格大大低于价值，但新基金完全就不存在这样的机会。

又有人说“牛市买老基金，熊市买新基金”，这其实也没有道理。

牛市里面，老基金收益大，好像大家容易认同；但最重要的原因其实是老基金的股票仓位高，这样股市一上涨，当然收益就明显。一个满仓的老基金，很容易大盘涨5%，它也涨5%。新基金才开始建仓，股票仓位很低。如一个10%仓位的新基金，大盘涨5%，它的净值也许只涨0.5%，当然跑得慢。为什么新基金要有一个封闭期？就是为了建仓。在建仓的过程中，当然不希望有赎回，因为那会影响整个基金的运作，所以封闭；即便过了封闭期，其实新基金的仓位也很低，一般也就30%～40%，而老基金70%～80%的仓位是很常见的。所以，老基金就容易享受牛市带来的收益。

再看熊市。对老基金来说，大盘跌5%，它也会跌5%左右，激进一些的基金会跌得更多。而新基金却跌得少，这也是显然的事情，原因还是股票仓位的问题，而不是基金新旧的问题。

可见，核心还是基金中持有股票份额比例的问题，而不是新旧的问题。

首先，咱们能判断市场是“牛”还是“熊”吗？这本质上变成一个市场预测的问题了。怎么知道市场要变成“牛”或者“熊”？当咱们发现市场已经变化了，恐怕也就来不及了。换句话说，如果咱们真能预测到市场变“熊”，那当然是什么股票基金都不买，持有现金是最好的方法。等到市场到了最低点，再进入。不过这只是个梦想而已。据说广发有10万投资人，2005年在最低点那天申购基金的只有3人。咱们会是这十万分之三的人吗？

其次，如果你买了只新基金，过了3个月的封闭期，仓位逐渐起来了。当仓位和老基金在一个水平上的时候，新基金也就和老基金没有什么区别了，大盘跌，它也跌。你所希望的新基金的优势也就没有了。

总之，新基金所谓“抗跌”的优势完全在于仓位低的缘故。如果一个老基金把仓位降下来，就会和新基金一样“抗跌”。这也就是大多数基金的仓位都有一个变化幅度的原因，如广发聚富，最低股票仓位可以到20%，这就是为了在熊市“抗跌”。

股票仓位低，现金或者债券多，当然“抗跌”。其中最“抗跌”的是现金。再熊的市场，现金都不跌。

所以，如果说“牛市买激进基金，熊市买稳健基金”，我想可能更合理。基金之所以激进就是因为股票仓位高，之所以稳健就是因为股票仓位低。

上投先锋基金和广发大盘基金都是比较激进的股票基金。当股市上涨时，咱们当然不能指望它们的净值在封闭期也涨得比上投阿尔法、广发小盘之类的快，因为还没有建仓。而上投双息是个比较稳健的基金，即便它满仓了，咱们也不能指望它跑得有多快。

如果你“确信”股市会上涨，那可以考虑购买激进的股票基金；

如果股市会下跌，持币观望吧，或者也可以买可转换的债券基金。如果你把握不住，买个稳健的老基金也许比新基金还好。“抗跌”不“抗跌”，和基金新旧没有关系，只和基金的风格、仓位有关系。

拿两个例子来看，选择同样基金公司的不同基金，这样便于比较。不同基金公司的基金在运作上本来就不相同，很难有可比性。

先看上投摩根基金公司。2006 年 4 月 18 日，新基金——上投双息停止认购，6 月 23 日开放申购。比较一下到 2006 年 9 月 18 日，上投双息基金和上投阿尔法基金、上投中国优势基金的收益情况，见表 3-5。

表 3-5 上投摩根 3 只基金的同期比较

日期	上投双息	上投阿尔法	上投中国优势
4 月 18 日	累计净值：1.00	累计净值：1.3773	累计净值：1.4964
6 月 23 日	累计净值：1.0086 涨 0.86%	累计净值：1.8044 涨 31%	累计净值：1.9115 涨 27.7%
9 月 18 日	累计净值：1.0418 涨 4.18%	累计净值：1.9152 涨 39%	累计净值：2.0128 涨 34.5%

再看广发基金公司。2006 年 5 月 11 日，广发策略优选基金停止认购；8 月 15 日，开放申购。比较广发策略基金、广发小盘基金和广发聚富基金，见表 3-6。

表 3-6 广发 3 只基金的同期比较

日期	广发策略	广发小盘	广发聚富
5 月 11 日	累计净值：1.00	累计净值：1.6547	累计净值：1.5265
8 月 15 日	累计净值：0.99 跌 1%	累计净值：1.7969 涨 8.6%	累计净值：1.5944 涨 4.4%
9 月 18 日	累计净值：1.0404 涨 4%	累计净值：1.9207 涨 16%	累计净值：1.9750 涨 29%

也就是说，当时不去抢购新基金，而是申购一只好的老基金，在这个牛市里面，咱们会获得非常大的收益，也就是“牛市买老基金”。

2006年，广发基金公司邮寄给客户的三季度对账单背面有一篇文章，叫《基金净值的波动在初期会有一定的规律》。我觉得非常好，这也是专业人士的观点。

许多投资者以为投资基金跟股票一样，买了以后会立即上涨，其实不然。

从表3-7中可以看出，基金成立后3个月业绩平均领先大盘3.063%，怎么算出来的？6个月业绩平均领先大盘3.787%；9个月业绩平均领先大盘15.773%；12个月业绩平均领先大盘21.067%。

表3-7 广发基金旗下基金第一年业绩表现

	广发聚富（%）	同期上证指数涨幅（%）	广发稳健（%）	同期上证指数涨幅（%）	广发小盘（%）	同期上证指数涨幅（%）
3个月业绩	5.57	15.8	5.26	-5.5	-2.34	-11
6个月业绩	5.44	7.6	1.37	-11.4	-6.35	-7.1
9个月业绩	2.14	-7.5	13.22	-19	-1.64	-7.1
12个月业绩	11.66	-6.8	7.85	-23.5	19.19	5.8

由此可见，新基金的净值在第一年中的表现分成两个明显阶段。

（1）滞涨期。基金的资金募集到位后，基金经理必须选择合适的时机建仓，即买入股票并使其达到基金合同规定的比例范围。由于基金的资金量大，因此建仓通常需要一定的时间，一般完成建仓的时间为3～6个月。这个时期，由于基金持有的股票比例不高，遇到市场上涨，基金的净值通常不会立即上涨或者上涨幅度不如大盘快。遇到市场下跌时，基金的净值通常微幅下跌或较大盘表现更加平稳。如广发策略优选基金在5月至8月期间，净值在1元上下波动，就呈现这个特点。

（2）上涨期。在3～6个月的基金建仓结束后，基金经理精心挑选的股票组合基本完成，整个基金的风格会逐渐固定。如果市场行情上涨，同时被基金经理选中的股票成为市场热点，出现较大幅度的上涨，基金净值自然水涨船高。优秀基金的净值上涨较大盘快，下跌时较大盘慢。如广发策略优选基金在9月底之后逐渐进入本阶段。

因此，“一只新基金通常成立半年以后才渐入佳境。客户投资新基金之后应稳定地持有半年以上，才能最大限度地分享基金经理的投资能力和基金上涨期的收益”。

这是广发基金得出的结论，要大家对新基金有足够的耐心，至少持有半年以上。我很赞同这个观点，但同时我更明确了我原来的观点。既然新基金有滞涨期和上涨期，既然数据也表明滞涨期达3～6个月，那我们何不等3～6个月再购买新基金。这时候新基金一切都安排就绪，准备大幅度上涨，岂不是最好的进入时期？

购买新基金还有一个风险。现在大家都不大喜欢规模比较大的基金，因为大规模的基金在运作上会带来一些问题。交银施罗德基金公司发行新基金，开始说限量发行30亿元，结果2天就超了一倍还多，接近70亿元了。很多认购了的朋友很不满意，因为他们是冲这30亿元的规模去认购的。但这恐怕也怪不得基金公司，它们也控制不了这种抢购风潮。如果咱们6个月以后再来考虑是否申购这只基金，那一切是不是都很从容呢？

购买基金，不在于基金的新旧，本质上还是在于这个基金的投资风格是不是符合你的需求。当咱们需要一只激进的基金的时候，就一定要选择一只股票基金。认购新基金也好，申购老基金也好，目标都是在股票基金的范围内。千万不要因为一只基金是新发行的，就投入大量的资金，这种事情风险太大。单纯的“喜新厌旧”肯定不是好的选择。

7. 基金的拆分和复制

“净值恐高症”是一个现实的现象，而且还非常普遍。这个问题带给基金公司的压力显得更大。当基金公司努力把一个基金的业绩做上去，基金的净值也节节升高的时候，结果却是投资者大量赎回投资的时候。这种怪圈让基金公司也很头痛，既要把业绩搞上去，又不能让基金的总规模下来，但投资者却处于一个不成熟的状态。于是，基金公司就想出两个高明的办法：一是拆分，二是复制。

基金拆分是把原来一个老基金的净值人为地降下来，同时给基金持有人成比例地扩大基金持有份额。例如，富国天益基金，原来的净值在 1.6 元左右，这对“恐高症”患者的申购造成了很大的心理障碍。2006 年 7 月 17 日，富国基金公司将富国天益基金进行拆分，净值从原来的 1.6 元降到 1 元，和一个新基金一样，同时原持有人持有的基金份额扩大了 1.6 倍，也就是原来你持有 1 万份富国天益基金，拆分后就变成了 1.6 万份。我们知道，资产总值是基金净值乘以基金份额，基金净值降低 1.6 倍，基金份额增加 1.6 倍，结果还是一样的，也就是基金拆分并没有改变基金原来持有人的总资产。但是，基金净值从 1.6 元降到 1 元，一下“便宜”了很多。

这一招非常灵验，结果是基金公司自己都没有想到的。从富国天益 2006 年第二季度报告和第三季度报告中可以看到，这个基金的规模从第二季度底的 11 亿元一下扩大到第三季度底的 41 亿元，涨了近 4 倍。可见，喜欢低净值的人还是很多的。

更有甚者，2007年，广发聚丰基金在9月4日宣布在11日拆分，但6日却马上宣布关闭，原因是在6日一天的时间中，聚丰申购量就有60多亿元，以至于聚丰不用拆分就达到了计划的规模，而这巨额的申购仅仅是因为11日聚丰要拆分到1元的一个公告。

其实，基金拆分对原来的基金持有人并没有特别的意义。按照前面对“净值恐高症”的分析，净值的高低也没有任何的意义。如果不考虑基金拆分后的新申购，那基金拆分完全是“换汤不换药”，也有网友将其形容为是“朝三暮四”还是“朝四暮三”的问题。

但就是这小小的变动，给基金公司带来的收益却是巨大的。增加的几十亿元申购，光申购费一项就有几千万元。实际上，这种膨胀就把一个拆分前的老基金变成了一个新基金，因为新注入的几十亿元资金都是现金形式。例如，富国天益的拆分就把一个原来可能满仓的老基金变成了一个只有25%仓位的“新基金”。这种扩容带来了很多不确定性。原来的老基金是一支优秀的基金，原来的基金经理对操作原来规模的基金有很多经验，突然让他的操作规模扩大3倍，后果就有些未知。同时，如果拆分后，市场在一个向上的阶段，由于仓位很低，势必影响整个基金的收益，损害原来持有人的利益；而如果股市下跌，25%仓位的股票也会下跌，新的投资者又不得不承担这些股票下跌的损失。通常在下降的阶段，老持有人就会占便宜；而在上升阶段，新持有人也会有额外的收获。

为了克服“净值恐高症”给基金公司带来的麻烦，基金公司还有一个方法就是基金复制。例如，一只原来很优秀的基金，如易方达策略基金，它是一个明星基金，显然净值也很高。为了继承老基金优秀的投资策略和传统，同时又让投资人克服“净值恐高症”，易方达基金公司就发行易方达策略 2 号基金。

2 号基金本质上和原来的 1 号基金没有区别。基金招募书基本相同，也就是相同的投资策略、相同的资产组合方式、相同的股票研究队伍、相同的股票备选池，而且是相同的基金经理。两个基金所持有的股票可能不一样，因为购买的时机可能不一样。但核心原则的一致就保证了 1 号基金和 2 号基金从长期看无论风险还是收益都是一样的，这就是所谓的基金复制。

2006 年，发布了不少复制基金。把它们和 1 号基金做点对比很有益处，见表 3-8。

表 3-8 2 号基金和 1 号基金的比较

基金名称	2 号基金到 12 月 26 日的收益率	1 号基金同期收益率
博时价值	31.31%	36.80%
华夏回报	34.00%	34.32%+0.25 元分红
景顺内需增长	31.30%	35.53%
南方稳健成长	37.22%	24.80%
易方达策略	43.50%+0.025 元分红	53.74%+0.14 元分红

从表 3-8 中的 5 只 2 号基金和它们的母体基金的对比可以看出，除了南方稳健成长 2 号的收益率比 1 号要高，其他 4 只收益率都低；如果考虑红利再投资，那差距更大。

分析其原因，大概是：新基金都有一个建仓期，从 8 月初开始，大盘一直持续上扬。复制基金就没有机会在低点建仓，但在建仓期又没有办法享受到牛市的优点，因为它们的股票仓位太低，所以就落后于 1 号基金。但南方稳健成长 2 号刚好是在一个大的下跌趋势中发行，而那个时候南方稳健成长 1 号却在一个高位，这样，2 号就得益于这次下跌，结果就是收益率好于母体基金。

如果你有预测能力，能预见到7月底的大跌，那当时选择南方稳健成长2号显然就受益了；如果预测不到而跟风式地选择了其他的2号基金，那就不如选择1号了。

1号基金几乎都是高净值的，而2号是从1号开始的，这也说明，净值的高低和投资价值是没有关系的。

这里面有运气的成分，也有必然的因素。随着时间的推移，由于2号和1号有相同的投资策略，它们之间的差距也会减少；但要注意，2号基金的申购费却是比1号要高。

那为什么要发行2号基金呢？就是为了解决客户的“净值恐高症”。2号基金是一个新成立的基金，所以申购价格是1元。比起1号基金的高净值，2号基金当然更有吸引力；而且由于1号基金的成功，2号基金就不存在一般新基金没有历史的缺点。所有的投资策略、手法、基金经理都已经得到了证明，因此就很有理由认为2号基金可以和1号基金表现得一样优秀。也就是由于这个原因，复制的2号通常比1号基金要“贵”。例如，易方达策略基金申购费是1.5%，而易方达策略2号则是2%。也就是咱们要多花0.5%来购买2号基金，换来的是一个“便宜”的低净值感觉和一个新基金3个月的封闭期。老实说，我觉得这毫无意义。基金高净值让太多人恐惧了，以至于2号基金的销售也异常热闹。基金复制，对1号基金的持有人没有任何的影响，1号在运行，2号也在运行。

在美国也见过复制基金，但一般是在旧基金“关门”以后，再打开一个新的复制基金。之所以旧基金要“关门”（停止对新用户申购），是因为基金的总资产太大，基金经理已经不好操作了，所以暂时“关门”。这时候，也许同样的基金公司、基金团队会再推出一个相同投资策略的基金给新用户。这样既保证了旧用户的收益，也让新用户有所选择。但国内的基金复制好像不是出于这个目的，唯一的目的就是降低净值而已。旧基金开放着申购，新基金也开放着申购。但一样的策略、一样的运作、一样的基金经理，为什么非要去买新基金呢？

我对发行2号基金是有疑虑的。简单的一个问题：如果1年以后，2号基金的净值也涨上去了，到1.5元甚至2元，是不是还要发行3号复制基金，以后再来4号、5号基金？这是一个解决办法吗？显然比较滑稽。

有人说，中国市场就是这个样子，大家都“恐高”。基金净值高了，不但没有人申购，还要面临大量的赎回。基金公司不发行新基金，不发行2号，就难以生存。

这点我同意，中国市场的确不成熟！但问题是谁来改变这个现状。“净值恐高”完全是个观念问题，需要大家共同努力去改变这个认识，让大家都成熟起来。这是谁的责任呢？要我说，买基金的人有责任，卖基金的人也有责任！这是我们共同的事情，我们是要双赢，基金公司有利益，投资者也要有利益。市场推广、观念改变，基金公司责无旁贷。

可一些基金公司却靠发行2号来解决它们的问题。它们的问题倒是解决了，可咱们的利益谁来保证？谁能让咱们成熟起来？发行复制基金，不但不能让市场成熟起来、改变观念，反而助长了大众的“净值恐高症”，让大众更担心净值的增长。

但并不是所有的公司都用这种方式来吸引客户。如上投摩根基金公司，它们并不怕净值高，不但不搞复制、拆分，也不利用分红来降低净值，它们甚至暂时封闭上投双息基金的申购来控制整个基金的规模，保障投资者的利益。要知道封闭了基金，就意味着没有新的申购，也就没有新的管理费和申购费。为大众着想的公司，当然被大众看好。

为大众着想，努力把大众引导到正确的投资理念上是一个基金公司的本分，也只有这样，才能让大众真正相信这些公司。要知道，把自己辛辛苦苦攒下来的钱让基金公司来打理，信任是最基本的要求。

8. 让人头痛的“巨额分红”

拆分或者新发行复制基金是由证监会严格控制的，于是基金公司又采用了另外一种方式来人为地降低净值。大家知道分红后，净值会降低，而降低的幅度就是一份基金分红的数额。本来，正常的分红是没有什么疑问的，但现在市场上确有大量我认为非正常的分红。

自 2006 年 11 月开始，很多基金公司看到市场的不成熟性，为了降低基金的净值，它们充分利用分红可以降低净值的这个特性，就来了个“巨额分红，净值归一”。例如，原来 1.6 元净值的基金，分红掉 0.6 元，净值就回到了 1 元。这样做的根本目的是“净值归一”，让那些“恐高”的投资者购买它们的基金。这个道理和基金分拆、基金复制异曲同工，就是为了扩大基金的申购规模。

我认为这种行为比拆分和复制更为恶劣，因为这种行为大大地损害了原来基金持有人的利益。一个简单的例子，如果一个原来 20 亿份的基金，净值是 1.8 元，为了让“净值归一”，就要每份分红分掉 0.8 元，也就是拿出 44% 的资产来进行分红。换句话说，为了这次分红，这只基金就必须把仓位降低到 56% 以下。如果在一个牛市行情中，显然 56% 的仓位给基金持有人带来的收益只有同样持仓而保留 100% 仓位的 56%。而为了准备这些巨额的分红资金，基金公司必须花很长时间调整仓位。还有一个问题是，基金的分红公告都是在这些分红资金到位以后才公布的，也就是已经是既成事实了，在不知不觉间，基金持有人的利益已经被损害了。而且，由于“净值归一”，会有大量新资金的进入，这样在分红后一个较长的时间内，基金的仓位会很低，几乎和一个新基金的情况差不多。这样，这只经过巨额分红的基金还必须经历类似新基金的滞涨期后才能过渡到上涨期，而且基金经理面对突然膨胀的规模，是否应对得当也是一个令人担心的问题。也就是说，原来成熟的老基金的优势几乎全部丧失。

当然，由于市场的不可预见性，也许巨额分红后，市场突然大跌，那在这种情况下，这种巨额分红反而会保护投资人。可咱们必须看清这种巨额分红的根本目的是什么。我认为，其根本目的就是所谓的“持续营销”，实际上它们也不避讳这点。基金规模的扩大会给基金公司带来巨额的收益，也许对未来的发展也有好处，但在这个过程中，原来的投资人却不得不承受损失。我认为这是不合理的，维护基金原来持有人的利益，是基金公司必须遵守的准则。所以说，我对这种巨额分红是非常不喜欢的。

在不同基金种类的巨额分红中，最让我无法接受的是指数基金的巨额分红。2007 年 4 月上旬，我收到的一家基金公司的短信让我疑惑了很长时间。这是一个跟踪沪深 300 的指数基金，短信说：“在 4 月 6 日 10 份分 7.1 元后，近期又会再次分红，净值到 1 元。”于是我查了它们的公告，在 4 月 12 日又要分红，按照现在的净值，如果归一，它又要分 6～7 角。也就是说，在一个星期中它要分 1.4 元左右，分红率高达 60%。

我第一个问题是它们分红的这些收益是从哪里来的。一般来讲，可分红收益主要来源有两个：①买卖股票的差价；②股息。

对于这么高比例的分红，我坚信单靠股息是达不到的。那一定是卖掉了股票。可是，这是一个被动的指数基金。它们凭什么卖股票呢？

咱们知道，指数基金的特点就是严格按照指数组合建立基金。跟踪沪深300的指数基金，就是拥有和沪深300相同的股票300只。如果沪深300指数不变化，指数基金持仓也不变化。如果沪深300增加或者剔除了一只股票，基金也会做相应的操作，所以是被动的。其投资目标就是用最小的误差跟踪指数的变化。而且，即便指数基金要卖出股票，如遇到大额赎回，它也要卖掉“一篮子”股票，也就是按比例卖掉300只股票。同样，如果新资金进入也要买入“一篮子”300只股票，这样才能跟踪指数。也就是说，指数基金不存在调仓的问题，也不存在看空市场、规避风险卖出股票的问题，它唯一的任务就是跟踪指数。

显然，对于大比例分红的指数基金，它必然是先卖掉“一篮子”股票，凑够分红的钱；而对于红利再投资部分和新资金的进入，它又要买回同样的“一篮子”股票。如果这个波段做成功了，当然是好事情，但这和被动指数基金的概念完全是背道而驰的。你可以想象指数基金在做波段吗？

只有一个解释，就是为了扩大规模，但是指数基金的收益和规模是没有联系的。5亿份的指数基金和500亿份的指数基金在收益上都是和指数一致的。唯一不同的是管理费！

对于主动基金的分红，有些朋友说可能是基金要调仓，或者看空，或者是基金规模太小在竞争中不利。这还算有些道理，但指数基金的大比例分红呢？被动基金有什么理由去主动卖掉股票呢？它们到底是主动基金还是被动基金呢？

同时，咱们也看一个结果，2007年初到2007年8月26日，沪深300指数增长155%，但跟踪这一指数的大成300和嘉实300指数基金的同期回报率分别是128%和131%。这种巨大的偏离在很大程度上就是由于连续的分红所致。2007年三季报显示，嘉实300指数基金规模达到367亿份，在所有开放式基金中排名第八。

巨额分红还带来了一个问题。大家都知道，基金公司为了鼓励大家长期持有，对赎回费通常都有个规定，持有的时间越长，赎回费率越低。而且，也有些公司规定，如嘉实基金，当持有基金3个月以上后，就可以免费转换。本来这是非常好的规定，对公司和持有人都有好处。

可是，咱们真能享受到这些优惠吗？我曾经收到一个网友的咨询，说他先购买的嘉实主题，3个多月后，他做转换时发现还是收取了他一定的费用。结果他咨询了嘉实公司，得到的回复是：

“尊敬的客户：您好，感谢您对嘉实的关注。您咨询的问题已收到，在此回复：主题红利再投资的部分没有超过3个月，谢谢！嘉实客户服务中心　2007-09-03。”

也就是说，红利再投资份额的持有起算点是从再投资的时间开始计算的！这不但是嘉实基金转换的问题，更普遍的情况是：咱们持有一个基金，好不容易坚持2年到可以免费赎回时，结果赶上一个大分红，可能一大半资产的持有期就归零了，又得支付0.5%的赎回费。分红是把左口袋的钱放到右口袋，看来巨额分红也是这样。钱放到右口袋里面以后性质就变化了，以前的历史统统不算了，也就享受不到那些长期持有的优惠！

其实，这都是巨额分红这个“怪胎”闹的。这并不是嘉实基金一家的规定，这是行业规范。但拆分的份额起算日是从申购的时候开始，也算是不幸中的万幸吧。

难怪有朋友说：“瘟鸡”不怕，就怕“拆”啊、“分”啊。

9. 独特的指数基金

美国出版的有关基金投资的书，一般都会推荐初出茅庐的投资者购买指数基金，如著名的先锋500指数基金。

顾名思义，指数基金就是跟踪一个特定的证券指数，如上证指数，基本按照指数的制定方法来配置所持有的证券品种和比例，是完全被动的一种基金。指数怎么调整，基金就怎么调整。显然，指数涨多少比例，基金净值也就涨多少比例。

这就会带来一些好处。

第一，指数基金一般都有非常好的分散投资效果，尤其是跟踪大型指数的基金。如前面说的先锋500指数基金，就是跟踪美国标准普尔500指数。这个指数由美国最大的500家上市企业构成，覆盖了各个产业。

第二，由于是完全模拟指数，指数怎么变更，基金就怎么变更，所以它是一个被动基金。因此就和基金经理对市场的判断没有关系，也就不用关心谁是基金经理，而且业绩和基金规模没有联系。

第三，由于指数的编制都相对稳定，因此股票的买入卖出都不频繁，这就大大节省了交易成本，也大大降低了管理费用。如先锋500，它的管理费只有0.18%，而美国平均大盘平衡股票基金约为1.02%，中国很多指数基金为0.5%～1.0%，而一般的股票基金是1.5%。别看这点差别，经过利滚利，时间长了可不得了。

第四，这个和市场的规律非常有关系。那就是所谓市场是不是有效的，或者说市场是不是对的。这个概念有点复杂，简单的结论就是如果市场是有效的、对的，你就不能指望任何一个基金经理可以长时间地超越大盘。也就是说，长期投资，指数基金其实是最佳的选择。但这个理论很有争议，伟大的投资家巴菲特就说过，如果市场是有效的，那他就会一贫如洗。巴菲特、林奇这些大师都是反对这个理论的。但是对于一个普通人，没有大师们的水平，也许还是认可这个理论比较好，尤其是在美国市场。据说美国能跑赢大盘的基金经理不到一半。但对中国市场而言，我认为它离一个有效市场还是非常远的，也就是跑赢市场是很有可能的。事实上也是这样，在国内业绩能超越大盘的基金经理不是一个，而是一批。

2006年四季度，指数基金开始火爆，如易方达50，简直要成为明星基金了，尽管晨星对它的评级只有两星。所以，很多朋友开始关心指数基金。

指数基金显然有两个含义：①指数；②基金。

先说指数的问题。咱们都很关心大盘，我们通常讲的大盘是指上证综合指数。上证综合指数包括的是全部在上交所上市的股票（接近1000只股票），包括A股和B股，从总体上反映了上交所上市股票价格的变动情况。它是按照股票市值的加权平均来计算的，全面反映了上证股票的情况。

在上交所除了上证综合指数还有两种成份指数：上证180和上证50。

上证180是在所有上证A股股票中抽取最具市场代表性的180种样本股票，“目的在于建立一个反映上海证券市场的概貌和运行状况、具有可操作性和投资性、能够作为投资评价尺度及金融衍生产品基础的基准指数”。

上证 50 指数是在 180 指数的基础上“挑选规模大、流动性好的最具代表性的 50 只股票组成样本股，以便综合反映上海证券市场最具市场影响力的一批龙头企业的整体状况。其目标是建立一个成交活跃、规模较大、主要作为衍生金融工具基础的投资指数”。

对于深交所而言，主要有深证成份指数（当时是 40 只 A 股）和深证 100 指数（100 只股票）。另外，上交所和深交所还联合发布沪深 300 指数，包括上证和深证的部分股票，一共 300 只。

无论是上证 180、上证 50、深证 100，还是沪深 300 指数，都是从不同角度反映中国证券市场的概貌和运行状况。而且，由于这些指数所含有的“成份股”有限，所以给基金的指数化投资带来了便利。也就是说，如果基金按照指数的编制方式购买“一篮子”股票，那这些指数的涨跌就直接影响到指数基金的涨跌。

由于这些指数都选择交易所中市值大、流通性好的股票来配置，所以，虽然不是完全精确地反映了市场的全部情况，但大部分情况会反映到，尤其是蓝筹股的情况。

指数基金被追捧的最大原因是在“有效”市场中，如美国市场，基金经理靠着自己的能力通过选股选时战胜大盘的可能性很小。也就是说，一个主动型的基金未必比一个被动性的基金收益好，那何苦不选择一个“便宜”的指数基金呢?

咱们国家已经有很多指数基金，如易方达 50、上证 50ETF（跟踪上证 50 指数）、万家 180、上证 180ETF（跟踪上证 180 指数）、融通深证 100、融通巨潮 100、易方达 100ETF（跟踪深证 100 指数）、嘉实沪深 300、大成沪深 300ETF（跟踪沪深 300 指数）等。

也就是说，如果咱们想跟踪沪指，就选择 50 指数和 180 指数；如果选择深指，就选择 100 指数；如果选择跟踪整个中国股票市场，就选择 300 指数。

要说明的是，虽然大部分指数基金都是严格跟踪对应的指数，但也有些指数基金被称为“增强型指数基金”，如易方达 50，“投资于标的指数的成份股票，包括上证 50 指数的成份股和预期将要被选入上证 50 指数的股票，还可适当投资一级市场申购的股票（包括新股与增发），以在不增加额外风险的前提下提高收益水平”。“在严格控制与目标指数偏离风险的前提下，力争获得超越指数的投资收益，追求长期资本增值。”也就是说，它们希望超越指数的收益，包含了某些主动投资的部分。

如果大家去看关于指数基金的经典图书《漫步华尔街》，就会发现，书中讲到一般基金经理的主动型选股能力其实和猴子随机的选股能力不相上下。也就是说从长期来看，主动型的选股和随机选股相比没有什么优势可言，反之亦然。主动型和被动型，从长期来看没有什么区别。问题就出在主动型基金的成本比被动型高，这样长期下去指数基金就有优势。

转过头来看中国的基金。一般股票型基金的管理费加托管费是 2%。最便宜的指数基金嘉实 300 是 0.6%，最贵的通融 100 是 1.5%，也就是主动基金和指数基金在成本上的差距为 0.5%～1.4%。理论上讲，这个差距由于复利的积累会产生不小的收益。中国股市的波动性远远大于美国市场，这点差异到底会给我们带来多大的收益就有点令人怀疑了。

国内市场分沪、深两市，不少指数基金仅追踪单一的沪市行情或者深市行情。但我更喜欢两市合并的行情，我觉得这才能真正反映中国市场的总体情况。所以，如果我选择，我会选择沪深300，或者中证100指数，或者其他的综合指数，而不单单考虑上证50，或者深证100等。同时，我喜欢完全被动型指数，既然是指数基金，就是避免人为的干扰，那增强型的指数基金我就没有兴趣。与其选择增强型的指数基金，不如我去选择一个被动的指数基金加一个主动基金。

最大的问题就是中国的被动型指数基金却让我很困惑。看它们的招募书，都是说要严格跟踪指数，和指数的差异在3%～5%。可这件事情几乎没有人能做到。2007年，嘉实300指数基金和大成300指数基金都远远落后于沪深300指数的增长。即便考虑到指数基金满仓95%的股票，依然还有不小的差距。这里有一件让我非常恼火的事情，就是指数基金的巨额分红。前面我谈到过这件事情，它给我的感觉是指数基金名义上是被动，实际上还是有人操纵。这和指数基金的含义背道而驰。当然，也有很多主动基金做这种事。也就是说，我有点不敢信任指数基金了，因为我买的东西和我想要的东西不一样。

指数基金在某段时期内的表现是不错，但从长期看，也就是从2006年四季度开始，指数基金才超越主动基金。2006年上半年指数基金远远落后。从2006年全年看，指数基金涨了120%，但股票型基金平均涨了130%。2007年以后，指数基金却很强势，能跑赢指数的主动基金没有几个。我认为有两个主要原因：第一，2006年四季度是蓝筹股的行情，而指数基金和蓝筹股的相关性是非常好的。指数基金是由蓝筹股带动起来的，而同时那些偏蓝筹的主动基金上一年四季度表现也非常突出，如景顺内需、嘉实主题等。第二，随着股指的上扬，尤其是自 2007 年以来，很多主动基金都在控制仓位，或者规避一些 ST 类的股票，也就是在控制风险。此时指数基金是不需要控制风险的。在这种暴涨的行情中，指数基金由于其最高的仓位自然有优势，但如果市场下跌呢？

不过，还有一种投资指数的方式，那就是通过 ETF 来投资指数基金。

ETF（Exchange Traded Fund，交易型开放式指数基金），这是一种在二级市场交易的基金品种，是按照相应指数的“一篮子”指数股票集合，在证券交易市场上可以像股票一样随时买入卖出。ETF 的申购费用和管理费不仅比一般的基金低，比许多的指数基金也低。ETF 的主要缺点在于它像股票一样，买卖的时候必须缴纳交易费，而且买卖得越频繁，交易的费用相应也越高，所以 ETF 更应该长期持有。另外，ETF 基金不存在通过大分红、拆分之类的方法进行持续营销的可能。这对那些希望投资指数基金的人有非常大的诱惑力。

到 2007 年，市场上还没有我最希望看到的沪深 300ETF，只有深证 100ETF 和上证 180ETF。虽然沪深 300 不是严格包含深证 100 和上证 180，但基本情况也差不多，所以我一直在想怎么用深证 100 和上证 180 指数来拼凑一个沪深 300，于是就花了些力气，做了些数学题。

我从搜狐财经网站下载了 2006 年 2 月 6 日至 2007 年 8 月 24 日的深证 100、上证 180 以及沪深 300 指数数据，先计算每个指数的日变化率，然后用统计中的回归分析求解得到：

$$\begin{matrix}\text{沪深 300}\\\text{日变化率}\end{matrix} = \begin{matrix}0.67\times\text{上证 180}\\\text{日变化率}\end{matrix} + \begin{matrix}0.33\times\text{深证 100}\\\text{日变化率}\end{matrix}$$

在统计区间，标准差=0.08%。

也就是说，基本上沪深300日变化率受上证180影响的系数是0.67，深证100的是0.33。这和沪深300中沪市和深市股票的占有比例也相当，我不过是从数据上也证明了这一点。

这样，我只要用2∶1的比例购买上证180EFT和深证100ETF，就近似得到一个沪深300ETF！

我一共计算了383个数据，表3-9是2007年7月30日至8月24日20天的情况，大家可以对我的沪深300ETF和实际沪深300指数的偏离情况有个感性的认识。

表3-9 我的300ETF的模拟情况

日期	上证180 日变化率（%）	深证100 日变化率（%）	沪深300 日变化率（%）	我的300ETF 日变化率（%）	误差（%）
2007-08-24	1.81	1.13	1.59	1.59	0.00
2007-08-23	1.65	1.57	1.67	1.62	-0.05
2007-08-22	1.30	2.30	1.59	1.63	0.04
2007-08-21	1.82	1.74	1.79	1.79	0.01
2007-08-20	5.89	5.27	5.59	5.68	0.09
2007-08-17	-2.16	-1.89	-2.02	-2.07	-0.05
2007-08-16	-1.79	-1.14	-1.60	-1.57	0.03
2007-08-15	0.26	-0.40	0.07	0.04	-0.03
2007-08-14	1.52	1.53	1.58	1.52	-0.06
2007-08-13	0.31	-1.00	-0.12	-0.12	-0.01
2007-08-10	-0.51	-2.15	-1.06	-1.05	0.01
2007-08-09	2.38	2.25	2.34	2.33	-0.01
2007-08-08	-0.92	-1.94	-1.20	-1.26	-0.06
2007-08-07	0.55	0.09	0.44	0.40	-0.04
2007-08-06	2.28	2.29	2.30	2.28	-0.01
2007-08-03	3.82	3.36	3.66	3.67	0.01
2007-08-02	2.89	4.53	3.40	3.43	0.04

续表

日期	上证 180 日变化率（%）	深证 100 日变化率（%）	沪深 300 日变化率（%）	我的 300ETF 日变化率（%）	误差（%）
2007-08-01	-3.98	-3.41	-3.81	-3.79	0.02
2007-07-31	1.06	1.24	1.14	1.12	-0.02
2007-07-30	2.23	2.70	2.40	2.39	-0.01

显然，拟合结果是非常好的。

又用“我的 300ETF”（用华安 180ETF 和易方达 100ETF 拼凑）和大成 300、嘉实 300 的收益率进行了比较，见表 3-10（截至 2007 年 8 月 24 日）。

表 3-10 我的 300ETF 和其他沪深 300 基金的比较

	最近一周（%）	最近一月（%）	最近一季（%）	最近半年（%）	最近一年（%）	2007 年以来（%）
	2007-08-17	2007-07-24	2007-05-24	2007-02-24	2006-08-24	
沪深 300 指数	12.77	25.38	33.11	94.92	303.71	155.63
嘉实 300	11.11	20.78	28.22	81.57	256.61	131.01
大成 300	12.50	25.11	33.87	78.17	256.19	128.39
我的 300ETF	12.83	25.18	38.67	96.66	305.70	154.66

显然“我的 300ETF”和沪深 300 指数非常接近，并且表现远远好于嘉实 300 和大成 300。

其实，也可以用上证 50ETF 代替 180ETF，因为华安 180ETF 是抽样复制，可能会有跟踪偏差。如果市场上再没有 300ETF，那我准备买指数的时候，就采用这个沪深 300EFT 模型：2/3 的上证 180ETF/50ETF+1/3 的深证 100ETF。

10. 面向海外的 QDII

QDII（Qualified Domestic Institutional Investors，国内机构投资者赴海外投资资格认定）制度由香港特区政府最早提出，是在外汇管制下内地资本市场对外开放的权宜之计，以容许在资本账项目未完全开放的情况下，国内投资者向海外资本市场进行投资。也就是说，通过 QDII 基金，咱们在大陆也可以投资海外市场。简单说就是咱们把人民币交给基金公司，基金公司把它们换成外币去投资海外市场，收益再折合成人民币还给咱们。

2007 年 11 月前，发行的 4 只 QDII 产品是华夏全球精选、嘉实海外、南方全球精选和上投摩根亚太优势。

这些基金给了咱们一个新的投资对象，尤其是对资产组合者来讲，国际市场是一个平衡组合非常好的对象。虽然国际市场和中国市场逐渐开始有关联，但中国市场还是相对独立的。

不过，我们对国际市场的情况应该有一个清楚的认识，这样在投资 QDII 产品的时候就会有一个合理的预期。我选用了一些美国先锋公司指数基金，它们代表了世界主要市场的情况。

第一，全球最大的市场——美国市场。先锋 SP 500 指数基金过去 5 年内的平均年收益为 10.58%，标准差为 11.57%。2006 年收益为 15.64%。

第二，欧洲市场。先锋欧洲市场指数过去 5 年平均年收益为 18.64%，标准差为 15.02%。2006 年收益为 33.42%。

第三，太平洋市场指数，包括日本、澳大利亚、中国香港、新西兰、新加坡的股市情况。先锋太平洋指数过去5年平均年收益为15.53%，标准差为13.34%。2006年收益为11.99%。

除了上述三大市场，其他的市场基本上都属于新兴市场，包括亚洲（除了日本）、南美、非洲、东欧等，也就是发展中国家。中国是典型的新兴市场国家。过去5年先锋新兴市场指数年收益为29.66%，标准差为17.88%。2006年收益为29.39%。

从上面的数据明显可以看到一个全球市场的情况，在发达国家市场，过去5年的收益也就是10%～20%；而新兴市场明显高出，接近30%，但同时风险也随着收益而增大。美国市场的波动最小，新兴市场的波动最大。

所以，我对QDII基金有两点看法：

第一，不要对收益预期太高。咱们可以清楚地看到，国际市场2006年的收益情况远远低于中国A股市场。转过头来，用2006年A股市场的100%以上的收益率去预期QDII基金也肯定是行不通的。

第二，我倒希望新的QDII产品能更多地投资国际成熟的市场，这样咱们就可以在中国市场和国际成熟市场之间建立一个平衡组合。中国市场本身就是世界上最激进、波动最大的市场之一。如果QDII还是投资东亚、南美这种高风险、高收益的市场，那和中国市场的风险程度就会不相上下，也就难以起到平衡风险的作用。

我认为投资海外市场最重要的目的是平衡风险，是一种战略投资。中国股市这样3位数的收益率是不会长期下去的，高收益也意味着高风险、高波动。投资海外市场是平衡风险的办法之一。中国市场是一个新兴市场，占全球市场的比例不到5%。QDII给了咱们一个投资其他95%市场的途径。虽然全球市场的相关性日益显现出来，但中国市场还相对独立。这种低相关性就使在资产组合中进行风险平衡成为可能。把国际市场放入咱们的投资组合，并且还可以定期进行“再平衡”，这样咱们就可以分享整个世界经济发展的成果。当咱们个人都融入世界经济这个大家庭中的时候，咱们就会切身感受到世界和平对咱们的意义。

所以，投资海外市场从战略上看是一个好的选择，而且咱们也开始有条件这样做了。在战术上，恐怕还要继续斟酌。我相信将来会有越来越多的QDII供咱们选择。总之，这是一个好的开端。

拿一个具体的基金分析一下：上投摩根亚太精选。该基金瞄准亚太地区，即亚洲及太平洋地区，广义上则包括整个亚洲与太平洋沿岸所有的国家和地区。在证券投资领域，亚太地区主要市场通常包含：澳大利亚、韩国、中国香港、印度、新加坡、菲律宾、泰国、印度尼西亚等区域证券市场（请注意：不包含日本市场）。

上投基金公司的杨逸枫经理对这一市场给出描述：“这一两年，A股市场不只是在亚太，在全球的表现都是独占鳌头。可是，如果把时间拉得长一点就可以发现，过去5年，A股市场所能提供的投资回报是121%；摩根士丹利亚太市场指数的回报率大概是250%。如果看单一市场，在过去5年里，印度或者是印尼也涨了3倍多，韩国和新加坡的涨幅也是一倍以上。所以，把时间拉长，亚洲其他市场能交出的投资成绩单，并不比中国A股市场差。2007年以来，亚太股市上涨势头延续。在中国与印度经济的强劲带动之下，亚太地区企业盈利快速增长，各地股价指数也纷纷创下历史新高，MSCI

亚太（不含日本）指数今年以来涨幅为 9.1%，高于 MSCI 世界指数 0.9%的表现。”

我是喜欢自己研究数据的，所以就做了点功课。我把功课的结果给大家看看，也许大家可以对亚太市场的情况有更深刻的了解。

我采用的数据是一个跟踪摩根士丹利亚太市场指数的 ETF 基金数据。这是 iSHARE 在纽约证交所交易的一个 ETF，数据从 2001 年 10 月 26 日开始，一直到 2007 年 10 月 9 日，基金代码是 EPP。有兴趣的朋友可以在 YAHOO 上找到它的具体资料。

这 6 年的 EPP 净值增长情况见图 3-2。

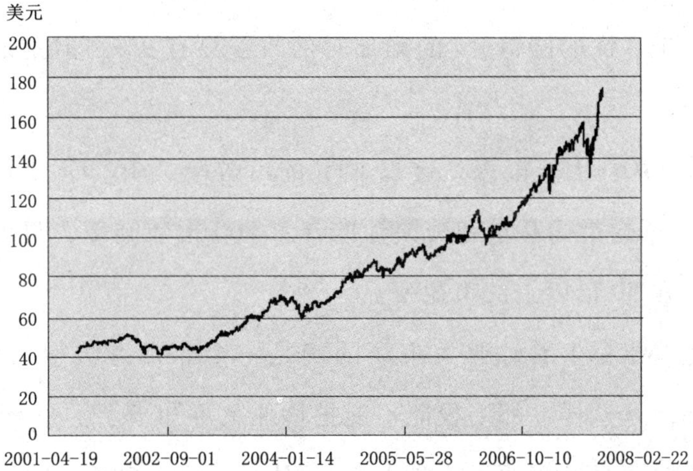

图 3-2 EPP 基金 6 年来的走势

从图 3-2 可以看出，EPP 基金从 43 美元涨到 173 美元，6 年涨幅达 302%。

如表 3-11 所示，这是每年的数据。

表 3-11　年情况数据

时间段	涨幅（%）
2001-10—2001-12	7.9
2002	-5.0
2003	46.86
2004	28.65
2005	13.55
2006	32.35
2007（截至10月9日）	38.45

一件要说明的事情是，杨逸枫讲到 MSCI 亚太指数 2007 年涨了 9.1%。我具体查了一下，她用的统计数据是到 8 月 20 日左右。在那个时候，由于美国次级债的影响，全球股市大跌（从我的图中也可以看到一个深深的凹口），的确那时的收益只有 9%。但是现在已经有 38.45%了。

从 YAHOO 上可以查到这只 ETF 的市盈率是 16.9，年换手率是 8%。市盈率的指标基本和美国标准普尔 500 指数类似，显然大大低于中国现在 50 倍以上的市盈率。

从这些指标上看，亚太市场的确是一个非常有吸引力的市场。市场的情况是这样，那上投能不能把握住就不知道了。一是 QDII 对国人来讲是一个新东西；二是上投 QDII 是一个主动型基金，和指数基金有多大区别就不知道了；三是再加上人民币升值等问题，最后能落到咱们口袋里面的收益是多少也是一个未知数。

作为全球新兴市场的重要组成部分，亚太市场显然已经成为一个全球投资的热点，但过去的事情不代表未来，未来如何谁也不知道。新兴市场到底是一个风险比较大的市场，这点大家也要明确。

总体来讲，我个人的观点还是倾向于谨慎。第一，我对新基金本来就没有兴趣，更何况这种面向海外的投资基金，这几乎是没有什么前车之鉴的，我可不想当实验品。第二，对于全球市场来讲，又不存在国内所谓的这种百年不遇的牛市行情，“起大早赶早集”也没有什么意义。第三，大量投资在新兴市场上，这是个风险很大的投资。要知道很多新兴市场国家的政治经济形势都不稳定，高收益一定伴随着高风险。除非想用高风险来博一下高收益，否则根本无法和国内的牛市相抗衡。另外，还有人民币汇率的变化问题。当然，从2007年来看，人民币对美元、港币是升值的，但对欧元、英镑甚至泰铢是持平或者贬值的。第四，大家也要留心，很多QDII基金的认购费和申购费是1.5%和1.6%，高于平常的1.2%和1.5%；管理费和托管费是1.85%和0.3%，后两项之和比咱们通常的国内基金要高出0.4%。

30%～40%的年收益对国人来讲也许不会有多大的吸引力，但在中国市场如此高的点位，分散风险，考虑其他的投资领域，也许是不错的选择。

11. FOF 和“生命周期”基金

一般基金是投资股票或者债券的，而 FOF 则只投资基金，实际上是一个基金投资组合，即基金中的基金。如一个国际市场指数基金，可能是由美国市场指数基金、日本市场指数基金、欧洲市场指数基金和新兴市场指数基金按市场份额的比例建立起来的，而且这种比例是非常稳定的。这样，你投资国际市场指数基金，就非常好地覆盖了全世界各大市场的指数基金。显然你可以自己去按照同样的资产组合原则复制建立一个 FOF。

那么，基金公司的 FOF 有什么好处呢？基金公司的 FOF 的最大获益者是小额投资者。也就是说，如果建立一个 50%的上投阿尔法、25%的广发稳健和 25%的货币基金组成的资产组合，上投阿尔法的最低申购额是 1000 元，广发稳健也是 1000 元，就算货币也是 1000 元，那至少要投资 4000 元。如果基金公司建立一个 FOF，它的最低限额也是 1000 元，那么你可以花较少的钱享受多个基金的收益。

不过，如果你不是一个很小的投资者，你就没有必要去投资一个 FOF。自己的 FOF 反而更灵活、更便宜。

2006 年，富国基金公司利用 FOF 概念发行富国天合基金。虽然富国天合只是一个准 FOF 架构，而且我国的基金政策也不允许设立真正的 FOF，但 FOF 似乎开始“热闹”起来了。不过我对 FOF 并不感兴趣，因为我觉得我们早就有自己的 FOF 基金了。

说穿了，FOF 就是基金的组合。我们每个人自己的基金组合就是一个 FOF，而这个 FOF 的净值就是“1+累计收益率”。如咱们的总资产中有 50%投资在上投阿尔法，25%在广发稳健，25%在某个货币基金，那么个人的 FOF 就由这 3 个基金组成，比例是 2∶1∶1。而且，如果经过一年运行，获得了 15%的总收益，就可以认为咱们的 FOF 的净值是 1.15 元。

原来咱们自己就是 FOF 基金经理啊。

我至少知道有两只基金被称为“生命周期”基金，它们是汇丰晋信 2016 生命周期和大成财富管理 2020 生命周期。

生命周期基金也是舶来品，英文是“Life Cycle”。这实际上是为长期投资做准备的一种基金。首先，从基金的名称上就可以看到两个数字——2016 和 2020，这实际讲的是年份，也叫目标时间。也就是说，这两只基金是为 2016 年或者 2020 年使用的资金而做准备的投资基金。如咱们 2016 年要退休，要开始养老生活，那就可以投资 2016 生命周期基金。

基金是一个长期投资，无论是养老还是孩子的教育，最终要有一个使用这些投资的时间。而按照风险控制的观念，越接近投资期结束，咱们的投资就应该越平稳。也就是说，整个投资的股票比例要下降，债券等固定收益类资产要增加。一个办法是咱们自己控制这个过程，一个办法是由基金公司来帮咱们做这种调节。

那咱们来看看这两只生命周期基金的投资组合随时间的变化情况。

先看汇丰晋信 2016 生命周期。“在基金实际管理过程中，基金管理人将随着投资人目标期限的临近和中国证券市场的阶段性变化，逐年适时调整基金资产在股票类资产、固定收益类资产间的配置比例。同时，在正常市场情况下，本基金保留的现金或者到期日在一年以内的政府债券的比例合计不低于基金资产净值的5%。”

汇丰晋信2016生命周期基金的逐年资产配置情况见表3-12，大成财富管理2020生命周期基金的情况见表3-13。

表3-12 汇丰晋信2016生命周期基金资产配置

时间段	股票类资产比例（%）	固定收益类资产比例（%）
基金合同生效之日—2007-05-31	0～65	35～100
2007-06-01—2008-05-31	0～60	40～100
2008-06-01—2009-05-31	0～55	45～100
2009-06-01—2010-05-31	0～45	55～100
2010-06-01—2011-05-31	0～40	60～100
2011-06-01—2012-05-31	0～35	65～100
2012-06-01—2013-05-31	0～25	75～100
2013-06-01—2014-05-31	0～20	80～100
2014-06-01—2015-05-31	0～15	85～100
2015-06-01—2016-05-31	0～10	90～100
2016-06-01—	0～5	95～100

大成财富管理2020生命周期基金的基本投资策略和汇丰晋信2016生命周期基金是一样的，只是在具体的资产配置上有所不同。

表3-13 大成财富管理2020生命周期基金

时间段	权益类证券比例范围（%）	固定收益类证券及货币市场工具比例范围（%）
基金合同生效日—2010-12-31	0～95	5～100
2011-01-01—2015-12-31	0～75	25～100
2016-01-01—2020-12-31	0～50	50～100
2021-01-01—	0～20	80～100

可见，越靠近目标时间，股票所占的比例就越小，而债券等的比例就越大，也就是基金主动帮助你调节稳健和激进的比例。

显然，这种基金对那些不想花过多时间去自己平衡这个比例的人是很有帮助的。国外有很多这种“生命周期”基金，几乎每个目标时间都有一只基金。

可见这种“生命周期”基金是非常有针对性的。如果咱们还有30年的投资期，那买2016或者2020都是不合适的；当然如果只有5年的投资期，那它们也是不合适的。

一定要记住，“生命周期”基金是一种有特定对象的基金。

12. 分散投资：建立自己的组合

前面几节都是讨论独立的基金。事实上，更多的人是同时持有几只基金，建立一个投资组合。为什么？因为他们在寻求分散投资。

分散投资核心要考虑3个因素：相关性、收益和波动。两个完全不相关的投资对象组合到一起，就会大大降低短期波动，但也会平均长期收益。分散投资的目的是进行风险控制，而风险控制是投资中最重要的一环。长期投资可以从时间上平滑短期风险，而分散投资则可以从“空间”上削减波动。把分散投资和长期投资结合到一起，肯定是最好的结果。

不同类型的基金在不同情况、不同时间的表现是不一样的。这是因为基金公司和基金经理对市场的研究是不同的，他们对哪些资产具有投资价值的判断也是不一样的。但市场是非常奇妙的，谁都不能确定在特定的时间，哪些投资会有好的表现，而哪些会有差的表现。

显然，如果咱们只集中投资一只基金，那收益就必然跟着基金经理对市场的判断而上下起伏。虽然经过漫长的时期，咱们的投资依然可以享受市场整体上涨的格局，但在短期，必然波动较大，也就是风险很大。基金本身就是投资一篮子股票或者其他证券，已经是一种非常好的分散投资，但依然受到基金固有风格和基金经理对形势判断的影响。不过，如果咱们也在不同的基金之间进行分散投资，就会更有效地削弱基金自己的“个性”，从而降低整个投资的短期波动，专注地享受长期投资带来的成长效应。也就是说，在一个特定的时期内，咱们持有的基金，有的在涨，有的在跌；但平均下来，涨跌相抵，总投资就自然平稳了很多。可以做一个极端的想象，如果持有两只基金，一只涨的时候刚好另外一只跌。虽然两只基金单独看都短期波动很大，但两个相加，涨跌相抵，最后反而是一条直线。

千万不能误解分散投资就可以确保咱们的投资不发生亏损，也不能确保当一个基金下跌的时候而另外一个基金像跷跷板一样就开始上涨。也就是说，分散投资不可能完全消除短期的波动，只是能削弱这种波动，上面说的那种极端的情况几乎是不可能出现的。而且，如果投资的对象彼此是有关联的，那分散的效果就更小。如股票市场，当这个市场在一个恐慌抛售的行情中，几乎所有的股票都不能幸免，那再怎么在股票基金中做分散投资，一样避免不了整体的下跌。所以，当然应该尽量选择不相关的投资对象来进行分散投资，组建投资组合。

开放式基金分 3 大类：主要投资股票市场的股票基金、主要投资债券市场的债券基金和货币基金。股票市场、债券市场和货币市场相对来说是独立的。也就是说，在股票市场上涨的时候，债券市场不会跟着上涨；反之，亦然。因为它们之间没有关系。那这 3 种基金就是一个比较好的分散投资对象。它们彼此不相关，有涨有跌，当然短期波动就会削弱。然而咱们也可以看到，这 3 种基金的长期收益率是不一样的。股票基金收益好，波动大；货币基金波动小，但收益也小。那如果把这 3 种基金做一个组合，虽然降低了短期波动，但也会降低长期的总收益。短期波动和长期收益永远都是共生的关系，咱们降低了短期风险，就势必影响长期收益。要追求最大的长期收益，咱们就不得不忍受短期的震荡。

其实，在股票基金中也可以做一定的分散投资。从晨星风格箱中，可以看到不同的基金风格是不一样的。有的是大盘价值型，有的是小盘成长型，有的是大盘平衡型。在这些风格不同的基金中进行分散投资也是一个可行的方案。咱们可以选择一只大盘基金，再同时选择一只小盘基金。大盘基金相对稳健，而小盘基金相对激进。在成长型基金和价值型基金之间也同样可以采取这种平衡。不过，我国的股票市场还很不成熟，严格区分成长股票、价值股票非常困难，甚至大盘和小盘股票的区分也有定义上的不同。但至少这是一个可以考虑的问题。

还有一点，国家的基金公司虽然发行不同种类的基金，但经常采用相同的研究团队或者说“股票备选池”，这样即便是在不同的基金之中也会持有较多相同的股票，这无形中就增加了这种股票之间的相关性。例如，广发基金公司下属的广发聚丰基金、广发聚富基金、广发策略优选基金之间虽然在资产配置上有所不同，但交叉持股情况却很严重，这样就变成了一荣俱荣一损俱损，同涨同跌。如果同时选择这几只基金，就达不到分散投资的目的。

其实，投资者更应该把分散投资的理论放宽到基金投资以外的领域。证券是一种投资，房地产也是一种投资，还有古董、字画、黄金，甚至邮票等，而且这些投资之间有非常好的不相关性。股票的涨跌几乎对房地产市场没有影响，而古董市场的起伏和黄金市场也没有关系，这些东西其实就是非常理想的分散投资对象。

那如何确定各种投资在组合里面的比例呢？首先，必须说世界上没有一种放之四海而皆准的资产组合方式，即便是在股票基金、债券基金和货币基金之间也没有这种通用组合。原因很简单，投资完全是个人的事情，是完全和每个人自己的心理状态、个人情况密切联系的东西。如果你有非常长的投资期限和巨大的心理风险承受能力，那你的组合就可以由一些波动很大的品种来组合而成；如果我5年以后就要用这笔钱，而且很厌恶风险，那我必然选择一些波动小的投资品种。如果是一个中间状态，那通过分散投资更可以得到一个完全和自己匹配的投资组合。

更要注意的是：咱们必须把投资组合作为一个整体来看待，而绝对不能把组合中的每项投资割裂来看，就像我们会把一只基金作为一个整体而不是一堆独立的股票来看待一样。在建立投资组合的时候，咱们一定不要像去自助餐厅一样，东挑一盘，西舀一勺，觉得哪个好吃就拣哪个。投资组合一定要像做满汉全席一样，第一道上什么，第二道上什么，最后的又是什么，要讲究条理性。组合里面的每项投资都有它的角色和分工，都有其存在的意义。这样的投资组合才是好组合。在看待组合的时候，咱们最要关心的是组合的总体收益和总体风险是不是适合自己，是不是在能承受的最大风险范围内给了咱们最大的回报。一定要注意咱们关心的是投资组合的总体，而不是个体内容。这往往是新手容易犯的错误。

历史情况大概是这样的：1950年前就已经出现了分散投资的思想，如巴菲特的导师格雷厄姆就是一个分散投资者。当时的概念是“鸡蛋不要放在一个篮子里面”，也就是通过购买“一篮子”股票来分散短期风险。这实际上关注的是两件事情：风险和收益。

分散投资理论的鼻祖是美国的马科维茨（Harry Markowitz），因其在1952年（25岁）发表的论文《投资组合选择》和1959年（32岁）出版的图书《投资组合选择：有效分散化》，1990年他被授予诺贝尔经济学奖。他创立的理论被称为“华尔街的第一次革命”。可见，获得诺贝尔奖的理论对咱们也不是遥不可及的东西。该理论的一个核心观点是在分散投资的时候，要考虑的不仅仅是风险和收益，还有独立投资之间的相关性。也就是说，他把分散投资原来考虑的两维因素，上升到了三维空间。

投资组合理论强调的是要投资在独立的、不相关的领域里面，而不是简简单单地购买“一篮子”证券来分散投资。购买那些很类似的产品是达不到分散目的的。这也是我一再强调的在构建基金组合的时候，一定要考虑品种搭配，如股票和债券、大盘和小盘、价值和成长等。如果都是同类基金就大大减少了组合的有效性。

提醒大家注意的是，如果有相关性，那系统风险是没有办法克服的。如在股票基金中，无论大盘、小盘、价值、成长，都非常大地受整个市场波动的影响。即便咱们做一个很好的组合，当大盘整体下滑的时候，咱们的组合也不可能独善其身，这是避免不了的。所以，一个组合你不能要求它永远都有正收益。当然，如果我们能把投资分散到完全不相关的领域，如证券、房地产、黄金等，那总体的效果会更好。

那么，组合是不是会类指数化？一个组合是不是就是一个指数基金？我认为两者还是有很大区别的。指数基金的配置完全是固定的，基本上是由股票的市值决定的。在指数基金中，大市值的蓝筹股权重非常大，小盘类股票基本没有发言权；而咱们自己的组合就可以多样化，根据自己的需求来制定策略。

组合投资影响的主要是短期波动，而长期的收益一样可以保证。这样，收益和风险比就加大了，也就是夏普比率加大了。这不是很好的事情吗？短期的波动是任何人都不喜欢的。

但是很多人用大师巴菲特的话来反对分散投资。巴老有个重要的投资策略，就是集中投资，他绝大多数的资产都是从为数不多的几只股票上获得的。他老人家也有一句著名的话经常被引用来反对分散投资和投资组合，这就是“分散投资是无知者的自我保护法，但对于那些明白自己在干什么的人来说，分散投资是没什么意义的”。(Diversification is a protection against ignorance ,but it makes very little sense for those who know what they are doing.)

我试图去查证巴老这句话的出处，但没有找到原文。据说他是在1998年的伯克夏股东大会上说的，但并不在著名的“1998年致股东的信”中，不过我却从他1993年致股东的信中找到了他对分散投资和集中投资观点的完整描述：

> 当然，有些投资策略，例如，我们从事多年的套利活动，就必须将风险分散。若是单一交易的风险过高，就必须将资源分散到几个各自独立的个案之上。如此一来，虽然每个个案都有可能导致损失或伤害，但只要你确信每个独立的个案经过概率的加权平均能够让你获致满意的报酬就行了。许多创业投资者用的就是这种方法；若是你也打算这样做的话，记得采取与赌场老板搞轮盘游戏同样的心态，那就是鼓励大家持续不断地下注，因为长期而言，概率对庄家有利，但千万要拒绝单一一次的大赌注。
>
> 另外一种需要分散风险的特殊情况是，当投资人并没有对任何单一产业特别熟悉，不过他却对美国整体产业前景有信心，则这类投资人应该分散持有许多公司的股份，

同时将买入期间隔开，例如，透过定期投资指数基金，一个什么都不懂的投资人通常都能打败大部分的专业经理人。很奇怪的是，当“愚昧”的金钱承认了自己的局限后，它就不再“愚昧”了。

另外，若你是学有专长（know-something）的投资人，能够了解产业经济的话，应该就能够找出 5～10 家股价合理并享有长期竞争优势的公司，此时一般分散风险的理论对你来说就一点意义也没有。要是那样做，反而会伤害到你的投资成果并增加你的风险。我实在不了解那些投资人为什么要把钱投入他排名第 20 的股票上，而不是把钱集中在排名最前面，最熟悉了解同时风险最小，获利可能最大的投资上。或许这就是先知梅·韦斯特所说的，“好事物越多，就越完美”。

上面 3 段话中，头两段讲的是分散投资，后一段是讲的集中投资。老实说，在网络上或者杂志上看到被大量引用的是最后一段话，但却没有看到过前面两段。

从第一段话中，不难看出巴老同样认为分散投资可以分散风险，同时也告诫大家不要一次性地“豪赌”一把。

从第二段中可以更清楚地看到，对于非专业人士，分散投资是巴老推荐的方法，也就是用不“愚昧”的方式去赚取所谓的“愚昧”的金钱。

第三段，巴老最推崇的集中投资方式其实是对专业投资人说的，是对那些真正能看清市场和股票的投资家或者投资大师说的。

好的，你我是投资专业人士吗？你我是大师吗？如果答案是否定的，那我们该遵从巴老的哪条建议呢？

其实，巴老并不是一开始他的投资事业就喜欢集中投资的。他的导师格雷厄姆其实是一个分散投资者，而他从另外一个大师费雪那里学来了集中投资理念。巴菲特自己都说他是“85%的格雷厄姆加 15%的费雪”。

转过头来，大师就是大师，大师和咱们是不一样的。

当巴菲特成为大师的时候，他不会再按照所谓的套路来出招。可咱们呢？李昌镐不走定式，咱们也不学定式吗？咱们必须承认自己是巴老说的“无知者”，他说得也很清楚，“分散投资是无知者的自我保护法”。

下面是巴老信件的原文部分，这 3 段是连续的，我没有删节一个字母。

BERKSHIRE HATHAWAY INC. Annual Report 1993

Of course, some investment strategies— for instance, our efforts in arbitrage over the years— require wide diversification. If significant risk exists in a single transaction, overall risk should be reduced by making that purchase one of many mutually-independent commitments. Thus, you may consciously purchase a risky investment— one that indeed has a significant possibility of causing loss or injury— if you believe that your gain, weighted for probabilities, considerably exceeds your loss, comparably weighted, and if you can commit to a number of similar, but unrelated opportunities. Most venture capitalists employ this strategy. Should you choose to pursue this course, you should adopt the outlook of the casino that owns a roulette wheel, which will want to see lots of action because it is favored by probabilities, but will refuse to accept a single, huge bet.

Another situation requiring wide diversification occurs when an investor who does not understand the economics of specific businesses nevertheless believes it in his interest to be a long-term owner of American industry. That investor should both own a large number of equities and space out his purchases. By periodically investing in an index fund, for example, the know-nothing investor can actually out-perform most investment professionals. Paradoxically, when "dumb" money acknowledges its limitations, it ceases to be dumb.

On the other hand, if you are a know-something investor, able to understand business economics and to find five to ten sensibly-priced companies that possess important long-term competitive advantages, conventional diversification makes no sense for you. It is apt simply to hurt your results and increase your risk. I cannot understand why an investor of that sort elects to put money into a business that is his 20th favorite rather than simply adding that money to his top choices— the businesses he understands best and that present the least risk, along with the greatest profit potential. In the words of the prophet Mae West: "Too much of good thing can be wonderful."

13. 我理想的资产组合

我个人非常重视基金的组合，大部分叙述也是围绕这个内容展开的。什么是我心目中最理想的组合？

简单说也是“三步曲”。

第一步，资产的组合。也就是这个投资方向的组合，包括自己储蓄和投资的比例，以及投资中股票和债券的比例。当然还可以考虑各种投资，如黄金、古董、房地产之间的投资比例。

如果单说基金投资，那核心在股票基金和债券基金的比例选择上。这取决于咱们的投资期和风险承受能力，而到底是一个激进的投资者还是一个稳健的投资者，通过这两个方面就基本可以确定。这是首先要确定的一个比例，这个比例就是核心投资策略。其次要根据这个比例配置股票基金和债券基金的比例。

第二步，大盘基金和小盘基金的配置。大盘基金肯定是我们的重点，道理也很简单，因为大盘股票对市场的影响是最大的，而小盘基金却是一个很活跃的部分。

广发小盘基金在我个人的组合里面一直有非常重要的意义，以至于在它大比例分红的时候，我左思右想了一天，最后还是决定保留这只基金。当时我就说过，小盘在我的组合里面有重要的地位，而这个地位是其他基金代替不了的。

2006 年底，广发小盘的表现很不好，居然从前半年的亚军到了晨星三星。这里面有整个中小盘股票的问题，也有广发基金公司本身的问题，当然还有大比例分红的影响。不过，即便是在这种情况下，我也依然保持着广发小盘基金的份额。

为什么这么看重广发小盘？绝对不是因为我能预见它 2007 年会涨，或者说因为喜欢广发公司。最重要的是，我认为小盘基金本身有特殊的意义。

第一，小盘和大盘的相关性较低，是一个很好的分散投资对象。现在绝大多数好基金都集中在大盘上，结果就很容易出现交叉持股的现象；而小盘基金的冷清，自然也就显示了它的特立独行。可是市场是轮动的，2006 年底是大盘蓝筹股的天下，2007 年上半年就是小盘基金的天下，而到了 2007 年中，又回到大盘蓝筹的天下。也许什么时候中小盘又会重整旗鼓，所以小盘基金首先是需要在战略上进行考虑的项目。

第二，小盘基金短期波动比大盘基金大，长期收益也会比大盘基金高。这就是所谓的小盘的风险溢价。按照美国股市的历史，长期平均下来，小盘比大盘的收益大约高 1%。如果按照大盘收益平均 12%，小盘约 13%来估计的话，在伟大的复利的作用下，20 年后大盘可以翻 9.6 倍，而小盘却能翻 11.5 倍。这就是小盘基金吸引我的另外一个原因，当然代价是要承受短期内很高的波动。对于可以承受高风险的长期投资者来说，小盘基金是很有魅力的品种。

所以，大盘和小盘要有一个合理的配置。我个人认为，除非你是一个非常极端的激进投资者，小盘的比例不应该大于核心配置的 30%。当然小盘不是必需的，如果你是一个偏稳健的投资人，可以完全放弃中小盘。

第三步，价值和成长的配置。理论上一个组合的核心最好是价值和成长的平衡。那哪些是价值型或者成长型基金呢？老实说，这个非常难区别，也许只有很专业的人士才能区分。这也是晨星风格箱的工作。

在中国现在的情况下，一是大部分基金的投资风格是不确定的；二是随着市场的上扬，价值型股票恐怕越来越少；三是确定价值和成长是有很多具体算法的，这个不是咱们能做的事情。

因此，我更倾向于在大盘基金中大概区分偏蓝筹、平衡和远蓝筹 3 种形式来代替价值型、平衡型和成长型。因为一般来讲，蓝筹是低市盈率的，比较具有“价值”；而远蓝筹是高市盈率股票，较具有“成长性”。经过 2006 年底的蓝筹股大涨，蓝筹股是不是有“价值”也不好说了。用价值和成长来评估，实在不是个人能做到的事情。

那哪些基金是偏蓝筹的呢？说老实话，我也只是心里有点感觉，但没有做过细致分析。

我对股票投资是不在行的，所以先上网去查了查什么是蓝筹股，结果一头雾水，并没有人明确哪些股票是蓝筹股，哪些不是。而且，蓝筹股这个词也是一个概念，一个比较宽泛的东西。现在还有一线蓝筹股、二线蓝筹股的提法。

我也不想去讨论蓝筹股的定义。为了分析，自己定义了一套系统。大家可以说我的定义是偏颇的、没有道理的，但算出来的结果基本上和感觉是一致的，所以自认为是有道理的。

我根据 2006 年底上证和深证 A 股所有股票按照流通市值从大到小的排序，取前 10 名作为定义的“十大蓝筹股”。然后，拿基金四季度末的十大重仓股去比较，看看这十大蓝筹股在若干个基金中占有的比重（见表 3-14）。

表 3-14　十大蓝筹股在对应基金中占有的百分比

名称	招商银行	民生银行	万科 A	中信证券	工商银行	中国联通	宝钢股份	中国石化	长江电力	浦发银行	总和
流通 A 股市值（亿元）	770.38	623.56	502.46	469.45	423.51	388.54	328.83	326.86	316.29	283.91	4433.79
上证 50ETF	10.99	9.94				5.37	6.25	4.8	4.22	4.11	45.68
易方达 50	9.42	8.49		5.48	5.22		6.16				34.77
嘉实主题	7.53	7.54	3.09				3.36	7.37	4.54		33.43
嘉实服务	7.9			7.21	2.89		4.12	6.92			29.04
景顺内需	7.56	4.29	3.97	5.6						5.8	27.22
景顺鼎益	7.28	4.29	3.18	3.46	4.1					4.56	26.87
汇添富均衡	8.4	3.6	4.53	3.16	2.58			4.16			26.43
嘉实 300	5.3	3.9	3.17	2.63	2.27	2.13	2.44	1.76		1.99	25.59
交银精选	6.83	3.68	3.22	5.88						3.26	22.87
广发策略	3.54					4.93	2.73	4.43	3.03	3.18	21.84
银华优质	5.62	2.3	4.9	5.02						3.52	21.36
上投先锋	4.58		2.72		4.97		2.64		3.43		18.34
上投优势	5.39		3.6		3.12		5.37				17.48

续表

名称	招商银行	民生银行	万科 A	中信证券	工商银行	中国联通	宝钢股份	中国石化	长江电力	浦发银行	总和
招商优质		4.77						4.84	2.63	5.21	17.45
上投阿尔法	6.34		3.55		4.72		2.12				16.73
兴业趋势	7								3.65	3.3	13.95
银华核心	4.96		4.34	4.06							13.36
富国天益	4.45	4.28						4.31			13.04
广发聚丰								3.11		7.78	10.89
易方达策略	3.59			4.66							8.25
易方达积极	6.24										6.24

十大蓝筹股的流动市值总和大约占中国 A 股总流通市值的 15%～20%。根据这一点，我认为当这十大蓝筹股在基金中的比例大于 20%时，就开始偏蓝筹；小于 15%时，就开始远蓝筹。可以看出，上证 50ETF 中，十大蓝筹股占了这个基金的 45%，当然是偏蓝筹。而易方达积极只有 6%，那显然就是远蓝筹。

显然，指数基金都是偏蓝筹的，这也非常好理解。嘉实主题、嘉实服务、景顺鼎益、景顺内需、汇添富均衡等都是偏蓝筹的；上投的几只在中间；易方达策略、易方达积极、富国天益、广发聚丰都是远蓝筹的。

这个结论和感觉非常接近。

当然，你可以问为什么只选了 10 个，而不是 5 个或者 15 个，为什么著名的股票如茅台、中行、苏宁都不在里面。因为我完全是按照数据选择的，就得到了这个结论，供大家参考。显然，也可以把关心的其他东西都放进来比较。这也是一种方法。

要明确的一点是：由于基金本身投资策略的变化，它很可能现在偏蓝筹，过段时间又远蓝筹。严格地说，上述结论只对 2006 年 12 月 29 日的市场有效。

我给出的“十大蓝筹股”占了总流通市值的 15% ～ 20%，但 2007 年中国有 1400 只 A 股，而咱们说的上证指数是按照市值来对股票价格进行加权得到的。这就是说，极少数的蓝筹股对指数的影响是决定性的，这就是所谓的权重股。它说明：大盘对偏蓝筹基金的影响是最大的，而对远蓝筹基金的影响是比较小的。这样就会出现有时候你的基金超越大盘，有时候落后于大盘，这是非常正常的现象。

从另外一个角度看，如果发现基金和大盘比较同步，那基本上就是一个偏蓝筹基金。

上面 3 个平衡是基金组合中最重要的部分，而且优先等级也是从一到三。如果考虑得更复杂些，还可以考虑投资行业中的平衡。但咱们国家的板块轮动太快，基金的变化也太快，平衡投资行业恐怕是太难了。

当然，也可以简化这些平衡，如果资金量不大，做第一步平衡也就够了，直接选择一个配置基金。如果选择 4 ～ 5 只基金，就可以考虑第二步和第三步的平衡了。另外，平衡不是意味着等比例。比例完全是根据投资策略制定的。

这也就很容易引进再平衡的思想了。

这样的组合，无论板块如何轮动都会受益，显然这是一种平均效应、一种分散投资、一种均衡收益。它分散了风险，同时也平衡了短期收益。但对于长期投资者来说，咱们看重的是长期趋势，短期波动其实是咱们不喜欢的东西。通过资产配置，咱们就可以尽量平稳地前进。

当然也有人会说，为什么不去追逐热门的板块呢？那不是可以最大化收益吗？这个问题其实和做波段没有太大区别。

能预测市场吗？如果不能，就分散投资。能知道哪个基金会独领风骚，不犯错误吗？如果不能，那也分散投资。能跟踪到热点吗？如果不能，还是分散投资。

不求有功，但求无过；不求第一，但求平均。想想《投资艺术》中说的“输家的游戏”，还有巴菲特说的“相比做出非凡的决策，投资更重要的是避免愚蠢的决定”，我想就更能理解平衡资产组合的意义了。

还要再次强调一点，咱们关心的是组合的整体表现，而不是关注组合内部的独立的基金。咱们要把这“一篮子”基金一起看。无论你用什么收益统计软件，我建议只关心总资产的变化，而不是每个基金的情况。

从对单个投资的关注到形成投资组合理论，是 20 世纪投资界思想的一个重大变化，该理论还获得了诺贝尔奖。

当咱们有了一个精心设计的均衡投资组合，一个适合自己情况的投资组合，那咱们除了关注一下基金公司是不是仍有大的变化，咱们的基金是不是仍保持原来的投资策略，另外一两年做再平衡外，还有什么事情要干呢？净值的涨跌、热点的轮换、重仓股的比例……你有必要关心吗？

14. “核心式”投资组合和“再平衡”

那投资组合怎么建立呢？我在这里介绍一种基金组合的思想，这也是我现在采用的方式。好像并没有看到很多人讨论这个问题，所以就单独提出来和大家分享。

有朋友问起我 2007 年的基金组合，我回答是“广发小盘、上投阿尔法和上投中国优势是我的核心，另外还有些易方达策略、富国天益等”，实际上我是采用了一种叫“核心式”的基金组合手段。也就是围绕一个核心来构建自己的资产组合，尤其是拥有 3 只以上的基金时。

投资组合中的核心实际上是用来保证咱们最终投资目标实现的核心部分。理论上它应该是一个相对稳定的、可靠的，甚至会让咱们感到无聊的部分。它不大会暴跌暴涨，也不会是一个“黑马”或者“新星”，它更多的是扮演一个“老黄牛”的角色，默默地拉着投资组合稳步前进。

如果可能，这个核心应该占你资产总额的 70% ～ 80%，至少也在 50%以上。

最好的核心基金，理论上是一个大盘基金，而且应该是一个价值和成长平衡型的基金，也就是在晨星投资风格箱中第一行的中间格。如果按照投资策略，上投阿尔法基金倒是符合这一标准，所谓的“哑铃型”投资方式——平衡价值型股票和成长型股票（可惜它实际上却被晨星分配到了大盘成长类基金）。

上述是一个理想情况的要求。但就 2007 年中国市场的情况，设计这样一个核心，好像也不是一件非常容易的事情。当然，这个核心和咱们的投资风格有巨大的关系。

如对我而言，我有较高的风险承受能力（风险承受能力 90 多分），还有 20 多年的投资期，而且并没有把老本都投资在基金上，所以倾向于一个激进的投资组合，当然也就会选择一个激进的组合核心。因此，在我的核心里面，不但有上投阿尔法基金，而且有上投中国优势和广发小盘，它是一个大盘和小盘的结合，而且偏成长类的基金组合。短期风险大，长期收益也大。

以广发基金为例。如果你没有这么激进，如果你是一个混合型的投资者，也许你可以选择广发聚富来作为你的核心部分。如果再稳健一些，也许广发策略、广发稳健基金都是核心基金的选择。

除了核心部分，还有 20%～30%甚至更多的部分是非核心部分。在非核心部分，完全可以发挥你的想象，去尝试各种基金。如果你有一个稳健的核心，就可以尝试很高风险的其他基金，如上投先锋基金、国际配置 QDII、行业基金，或者任何你看好的“黑马”“新星”作为你的非核心部分。甚至，你可以选择一些股票作为非核心部分。

不指望非核心部分是一个稳定的部分，它是一个动态的高波动、高风险，也许是高收益，也可能是高亏损的部分。它是一个你投资组合中活跃的、激动人心的部分。如果你对你自己的判断充分信任，也许在非核心部分，你还可以去追逐一下波段，看看到底能给你带来多大收益。如果你无法摆脱“净值恐高症”，核心部分是一个低净值的基金，也许你可以试一试在非核心部分放点高净值的基金。有人也把核心部分称为投资的“策略”部分，而把非核心部分称为“可操作”或者“娱乐”部分。

2006 年下半年发行的富国天合基金，其所谓“核心+卫星”的资产配置模式其实和这个思想同出一辙。只是富国天合由于政策的原因还不能直接拥有其他基金，最多复制一下其他基金的重仓股，而咱们自己却不受这个限制，可以真正做到FOF。

“核心式”资产组合其实并不局限在基金投资上面，所有的投资都可以遵循这种思想。要提醒大家的是，储蓄、国债、国库券、房子，以及与朋友合伙的公司都是咱们的投资，它们共同成为投资组合。所有这些总盘子中，应该有个稳定的核心。

当按照自己的投资期限、风险承受能力和投资目标，制定了核心和非核心的比例，或者制定股票基金和债券基金的比例，也就是建立好一个投资组合开始的投资计划，还远远不够，还有一件非常重要的事情，就是比例的再平衡。

如制定了自己的股票和债券的配置比例是7∶3。一年以后，股票涨得快，债券涨得慢，比例变成8∶2了，怎么办？这时候要卖掉股票，买成债券。如果再过一年，遇到熊市，股票大跌，比例变成了6∶4，这时就要卖掉债券，买入股票，使比例回到7∶3。这就是再平衡。

再平衡是很蹊跷的事情。从表面上看，你是卖掉一个上涨快的优良资产，买入一个下跌或者跑得慢的不良资产，但实际上这是一个“高抛低吸”的过程，是一种通过纪律性投资来进行卖高买低的过程，这符合市场是轮动的这一概念。更重要的是，再平衡能保持资产组合的稳定性，也就是风险和收益的平衡。有人用历史数据做过归算，再平衡的综合效益要远远高于不做再平衡的收益。一般一年到一年半才做一次再平衡，而再平衡也仅仅是一个微调过程，只是为了让组合不要偏离自己制定的目标。

15. 怎样读基金招募书

都说基金招募书是很重要的基金文件，可我相信并没有几个人去读它，最主要的原因是它实在太长了。

随便一个招募书，都有四五万字，如果是WORD文档就有几十页到上百页，真不知道如何下手。虽然说招募书是最重要的基金法律文本，但对于咱们投资者来说，要关心，或者说要重点看的内容并不多。下面我随便找个例子给大家看看。

例如，关于上投阿尔法基金的招募书，大家有兴趣可以到上投摩根基金公司的网站（http://www.51fund.com/download/alpha%20zmsms06 0526.htm#_ Toc134155543）上去看看。

全文4万多字，分为22章：

一、绪言

二、释义

三、基金管理人

四、基金托管人

五、相关服务机构

六、基金的募集

七、基金份额的申购、赎回和转换

八、基金的投资

九、基金的业绩

十、基金的财产

十一、基金资产的估值

十二、基金的收益与分配

十三、基金的费用与税收

十四、基金的会计与审计

十五、基金的信息披露

十六、风险揭示

十七、基金的终止与清算

十八、基金合同的内容摘要

十九、基金托管协议的内容摘要

二十、对基金份额持有人的服务

二十一、招募说明书的存放及查阅方式

二十二、备查文件

要全部认认真真地看完，估计是不大可能的事情。在上述内容中，我们需要关心的只有很少的部分，也就是第八章：基金的投资。

这章里面有 11 节：

（一）投资目标

（二）投资理念

（三）投资范围

（四）投资策略

（五）业绩比较基准

（六）风险收益特征

（七）投资风险管理

（八）投资限制

（九）基金的融资

（十）基金管理人代表基金行使股东权利的原则及方法

（十一）基金的投资组合报告

前3节非常重要，是要仔细看的。

投资目标

本基金采用哑铃式投资技术（Barbell Approach），同步以“成长”与“价值”双重量化指标进行股票选择。在基于由下而上的择股流程中，精选个股，纪律执行，构造出相对均衡的不同风格类资产组合。同时结合公司质量、行业布局、风险因子等深入分析，对资产配置进行适度调整，努力控制投资组合的市场适应性，以求多空环境中都能创造超越业绩基准的主动管理回报。

投资理念

实践表明，价值投资（Value Strategies）和成长投资（Growth Strategies）在不同的市场环境中都存在各自发展周期，并呈现出一定的适应性。本基金将价值投资和成长投资有机结合，以均衡资产混合策略建立动力资产组合，努力克服单一风格投资所带来的局限性，并争取长期获得主动投资的超额收益。

投资范围

本基金的投资范围为股票、债券、货币市场工具及法律法规或中国证监会允许的其他投资品种。股票投资范围为所有在国内依法发行的A股，债券投资的主要品种包括国债、金融债、企业债、可转换债券等，货币市场工具包括短期票据、回购、银行存款以及一年以内（含一年）的国债、金融债、企业债等。在正常情况下，本基金投资组合中股票投资比例为基金总资产的60%～95%，其他为5%～40%，并保持不低于基金资产净值5%的现金或者到期日在一年以内的政府债券。

如果法律法规对该比例要求有变更的，以变更后的比例为准，本基金的投资范围会做相应调整。

上述3节清楚地陈述了上投阿尔法的投资方向和资产组合情况。资产组合尤其重要，通过这个就知道了这个基金股票和债券的比例，也就是投资激进程度。股票越多，风格越激进。

第四节是投资策略，其实就是讲它们怎么选择股票和债券，如备选股票库如何建立等。

第五节是业绩比较基准。这个我大概能看明白，但说不清楚。基本是说这个基金是和什么样的指数做比较。

剩下的几节就是一般性的描述了。

另外在第十二章基金的收益与分配中，有对分红的解释，其中最重要的是分红次数和数量，对于上投阿尔法而言，“本基金收益每年最多分配4次，每次基金收益分配比例不低于可分配收益的60%”。这里的次数和比例对于不同的基金是不一样的，如广发小盘最多6次，最少1次，比例是100%。

基金收益的构成：“①买卖证券差价；②基金投资所得红利、股息、债券利息；③银行存款利息；④已实现的其他合法收入。因运用基金财产带来的成本或费用的节约应计入收益。”

要注意最后一条，也就是如果基金证券买卖不频繁，换手率低，就会带来成本和费用的节约，也会增加收益。

当然分红还有些条件，这在招募书里也有说明。第十二章里面还有一条“基金收益以现金形式分配，但基金份额持有人可以事先选择将所获分配的现金收益，按照基金合同有关基金份额申购的约定转为基金份额；基金份额持有人事先未做出选择的，基金管理人应当支付现金”。这就是说，无论选择红利再投资还是现金分红，基金收益都要先以现金形式分配。也就是为了准备分红，基金必须准备现金。

招募书的重点也就这些，当然其他的不能说没有意义。

说老实话，招募书我也没有读过几篇。

16. 三个参考组合

按照我的思路，在这里建立了 3 个投资组合供大家参考。必须要说明的是，这仅仅是一个参考组合，并不是推荐，也不具备指导意义（据此入市，风险自担）。这些组合应该说只是组合的核心部分，而非核心部分你可以尽情地自由选择。而且，由于对上投摩根基金公司和广发基金比较偏爱，也就仅仅选择这两家公司的基金为候选。

如果你是一个长期投资者，如离退休还有 20 年，而且对短期风险和长期收益之间的关系也有深刻理解，那就可以建立一个非常激进的投资组合。可以选择：

广发聚丰基金：25%；

广发小盘基金：25%；

上投阿尔法基金：25%；

上投优势基金：25%。

这 4 只基金应该说是这两家公司中最激进的 4 只股票基金。从长期看，最终的收益较高，但短期的风险却很大。

如果是一个中期投资者，如有 10 年左右的投资期，风险承受能力虽不是最强，但也不弱，那就可以建立一个成长型组合，例如：

广发聚富基金：50%；

广发策略优选基金：25%；

上投阿尔法基金：25%。

这个组合里面有大约 25% 的债券，所以会比激进型组合要平稳点，但长期收益也会低些。

如果投资期限在 3 ～ 5 年，而且心理承受能力一般，就可以建立一个平稳点的组合，例如：

广发稳健基金：50%；

上投双息基金：50%。

在这个组合里面，债券的比例就更大了。当然运行起来就更平稳，但长期收益也更低。

必须要强调的是，所谓激进、成长和平稳，都是相对于较长的周期而言。短期内，很可能平稳组合的收益比激进组合的收益还要大，也可能激进组合比平稳组合波动还小，这些都有可能。

如果定下这些比例，就可以在一年以后做再平衡，并且始终保持这种比例。这样就保证了长期的风险控制和总体收益。

第四章

“三步曲”之三：操作方法的实施

年终奖可以一次性或在较短时间内投入市场，每个月工资的结余部分可以采用定投的方式。

一旦购买到满意的基金，最合适的持有方式是长期持有。

1. 去哪里购买基金

当咱们经过左思右想、翻来覆去，终于根据自己的情况选择好了几只基金，下一步的问题自然是如何去购买这些基金。

购买开放式基金最常见的渠道有两个：①到银行去购买由银行代销的基金；②通过互联网，采用网上直销的办法从基金公司直接购买。这两个方式各有各的好处。

银行是基金代销的一个非常重要的渠道，几乎所有的基金都和不同的银行有销售合作关系。例如，交通银行就代销上投摩根公司的中国优势和阿尔法等几十只基金。在银行购买基金最大的好处莫过于方便。现在中国的银行网点随处可见，只要去办理非常简单的手续，就可以用银行卡上的存款购买此银行代销的各种基金。但缺点也非常明显：一是申购费没有优惠；二是每个银行代销的基金有限；三是如果你直接到柜台购买基金，很容易被基金销售人员“忽悠”。很多银行都有基金的销售任务，如果你没有清楚的认识，很容易就成为它们完成任务的“牺牲品”。

不过，购买银行代销的基金也可以通过网上银行来进行。这样就可以在电脑旁来随时申购和赎回基金。

我的第一只基金就是通过银行代销购买的。当时对国内基金和基金销售情况并不了解，结果几乎花了一整天的时间去“逛”银行。去不同的银行看各种宣传广告，向不同银行的销售人员咨询。由于预见到销售人员的推销能力是超乎想象的，为了不稀里糊涂地就把钱投入进去，我身上并没有带钱。也就是只“逛”银行，不买基金。后来，我发现我当时做了一件非常正确的事情，你几乎随时都可以在各种基金论坛上遇到无数购买了莫明其妙的基金的朋友，他们几乎都是被银行的销售人员“忽悠”了。逛了一天银行后，基本摸清了基金的大体情况。于是，第二天先开了基金账户，再开通了网上银行，最后购买了一些货币基金。当然货币基金绝对不是我投资的目标，但经过这一系列的过程，购买基金的通道已经完全畅通，而且把钱放到了基金账户里面。这样无论是在家里，还是在单位，我都可以轻松地控制我的投资了，既不用跑到银行柜台去排队，也避免了被推销人员影响。

通过银行购买基金的确很方便，但有两大劣势：①贵。在大部分银行认购/申购基金都没有任何优惠，不得不支付全额的认购/申购费用。②后操作不方便，如基金转换。由于单一银行代销的基金有限，不可能覆盖一家基金公司中所有的基金，如果咱们需要在同一家基金公司的不同基金中进行转换的时候，常常会无法操作。

另外一种常用的基金购买方式就是基金公司网上直销，也就是通过互联网登录基金公司的网站，并使用基金公司认可的网上交易银行卡进行转账、交易基金的方式。如咱们希望购买广发基金公司的基金，就可以访问广发基金公司，注册登录，并使用广发银行卡、兴业银行卡或者建设银行卡来购买广发基金公司旗下的各种基金。

网上直销第一个好处是便宜。一般网上直销对于采用前端收费方式都有优惠，例如，广发基金网上直销享受 4 折优惠，易方达公司直销享受 2～4 折优惠，上投摩根基金公司直销享受 6 折优惠，等等。这大大节约了基金的购买成本。

第二个好处是，由于直接在基金公司购买，这样就可以方便地在基金公司发行的各种基金中进行转换。

但是网上直销也有一个很大的缺陷。这就是，每个基金公司支持的银行卡是不一样的，而且咱们最常见的工行卡、建行卡、农行卡仅仅被很少的基金公司支持，而相对被广泛支持的反而是名不见经传的兴业银行卡。但是，在一些中小城镇，甚至根本没有兴业银行卡可办理。这给想采用网上直销方式购买基金的朋友增添了非常大的麻烦，即使咱们能在大城市的兴业银行开户，也存在转账的问题。

2. 网络安全吗

无论是网上银行还是基金公司直销，都存在互联网安全问题。这对很多人来讲都是一个令人非常担忧的事情。

一般来讲，网上交易还是比较安全的，不安全的隐患主要还是在自身方面。网上交易主要包括 3 个部分：①自己的计算机；②银行或者基金公司的服务器；③自己计算机和服务器之间的通信连接。在这 3 个方面中，银行或基金公司的服务器相对来说是最安全的部分，除非它们有内贼。计算机和服务器的通信连接部分，一般都会采用信息加密方式传输用户的账户和口令，这也是比较安全的，不大会发生中途信息被截获的事情。最危险的部分还是自己的计算机。

虽然计算机天天在自己的手边，但绝大多数人对自己的计算机疏于管理，尤其是非计算机专业人士。大多数人知道计算机病毒的存在，也知道有什么木马程序或者间谍软件，但很少有人认认真真地做防护。要知道这些病毒或者木马程序会把你键盘输入的账户密码悄悄地发送到其他地方去，也就是会盗窃这些最关键的信息。几乎所有的个人计算机都有这种或者那种的防病毒软件，但却很少有人实时地更新病毒库。

安装一套防病毒软件或者防护墙工具是很容易的事情，但绝对不是说防病毒软件就可以包办一切。要知道计算机病毒发展是如此之快，可以说是日新月异，用一套旧的防护体系去防止新的病毒，可以说是自欺欺人。好在大多数正版防病毒软件都提供实时的新病毒库下载和软件更新，这就给了咱们一个可以随时更新的挡箭牌，我们必须充分利用这个功能。计算机防护软件，例如，杀病毒软件、防间谍程序、上网助手之类的软件，必须开启自动更新功能，这是非常重要的。而且，我非常强调的是这些防护工具一定要安装正版程序，在这方面千万马虎不得。

如果只是普通的用户，病毒对计算机的影响恐怕只是让计算机性能降低，或者经常弹出一些乱七八糟的网页，让咱们使用起来非常不方便。但对于要通过网络进行金融交易的人，计算机的安全就太重要了，再怎么强调都不过分。我在计算机领域工作 20 多年了，看到有太多的人对计算机的防护没有深刻的认识。当计算机出现问题的时候，大多数人只是抱怨防病毒软件没有工作，或者说：“我的计算机怎么会感染病毒呢？不可能的。”殊不知，他们不进行病毒库的更新，也不知道上网或者别人的 U 盘都会把病毒悄悄地带入他的计算机。这首先是态度问题，然后才是技术问题。但他嫌麻烦，不去做这些防护，或者对细小的不正常操作忽略不计的时候，潜在的危险就已经进入他的计算机了。所以，我要三番五次地强调，对自己的计算机要认认真真地维护，千万不能抱有任何侥幸的心理。

还有一种网络诈骗是用网站诈骗的办法，例如，有人做一个表面和银行或者基金公司完全一样界面的网站，再给你用邮件的形式或者其他网站链接的形式骗你到这个假网站上去。当你像在真网站上操作那样，输入账户和密码以后，他们就存下来这些东西，那你就非常危险了。所以，我们必须识别哪些是真网站，哪些是假网站。不要从任何链接中进入网上银行，一定要采用自己输入或者来自自己的收藏夹。这也是非常重要的。

还有，千万不要在邮件或者电话上透露自己的密码，这些都是保护自己的重要手段。

网上交易给咱们带来了非常多的方便，但如果不树立风险意识，那就会成为灾难。这和投资是同样的道理。

3. 选择前端还是后端收费

在申购基金的时候，都会涉及一个问题，就是如何支付申购费用，是选择前端收费还是选择后端收费？要说明的是并不是所有的基金都能提供申购费的后端付费方式，但如果有这种选择的时候，是必须要考虑的。

下面是从广发聚富基金那里复制来的申购费率表，见表 4-1、表 4-2 和表 4-3。

表 4-1 前端收费模式（在购买基金时收取认购费或申购费的收费方式）

购买金额	认购费率	申购费率
M<100 万元	1.0%	1.5%
100 万元≤M<500 万元		0.9%
500 万元≤M<1000 万元		0.3%
M≥1000 万元	不超过 1.0%	每笔 1000 元

表 4-2 后端收费模式（在购买基金时可以先不用支付认购费或申购费，而在赎回时支付。基金持有年限越长，费率越低，直至为零）

持有期限	认购费率（%）	申购费率（%）
n<1 年	1.8	1.8
1 年≤n<2 年	1.5	1.5
2 年≤n<3 年	1.2	1.2
3 年≤n<4 年	0.9	0.9
4 年≤n<5 年	0.5	0.5
n≥5 年	0	0

表 4-3 赎回费用（投资者在赎回基金份额时，应缴纳赎回费用。赎回费率随赎回基金份额持有年限的增加而递减，直至为零）

赎回期限	广发聚富基金（%）
$n<1$ 年	0.5
1 年 $\leq n<2$ 年	0.3
$n\geq 2$ 年	0

如果投资人在申购时选择后端申购模式，则赎回份额的计算方法如下：

赎回总额=赎回份额×赎回当日基金份额净值

后端申购费用=赎回份额×申购当日基金份额净值×后端申购费率

赎回费用=赎回总额×赎回费率

赎回金额=赎回总额-后端申购费用-赎回费用

赎回金额的处理方式：赎回金额为按实际确认的有效赎回份额乘以申请当日基金份额净值并扣除相应的费用，四舍五入保留到小数点后两位，四舍五入部分代表的资产归基金所有。

首先要说明一点，无论前端收费还是后端收费都是针对申购费来说的，即便是后端收费也是要再交赎回费的，所以在下面的计算中暂时不用讨论赎回费。

假设投资 1 万元，前端费率先按银行代销 1.5%计算，那前端收费后实际投资金额就是 9850 元。

如果假设年收益为 10%，收费率为 1.5%，采用前端收费和后端收费的收益情况见表 4-4 和表 4-5。

表 4-4 采用前端收费

持有年限<	1	2	3	4	5	6
扣除前端申购费后的总资产（元）	10835	11918.5	13110.4	14421.4	15863.5	17449.8
收益（元）	835	1918.5	3110.4	4421.4	5863.5	7449.8

表 4-5 采用后端收费

持有年限<	1	2	3	4	5	6
总资产（元）	11000	12100	13310	14641	16105	17715.5
扣除后端申购费后的收益（元）	820	1950	3190	4551	6055	7715.5

显然，如果持有 2 年以上，收益在 10%的时候，后端收费就有优势了。基金持有的时间越长，后端收费越有优势。

很容易计算，如果年收益在 20%，一年后，采用前端收费的收益就是 1820 元，采用后端收费的收益也是 1820 元。也就是说，如果咱们的年收益在 20%，一年后，采用后端收费就和前端收费方式的收益持平。收益率越高，采用后端收费越有优势。

如果采用基金公司直销方式，前端收费就有折扣。如果费率按照 0.6%计算，那前端收费后实际投资金额就是 9940 元。1～6 年的收益情况如下：

如果假设年收益是 10%，采用前端收费的费率是 0.6%，收益情况见表 4-6。

表 4-6　费率 0.6%收益情况

持有年限<	1	2	3	4	5	6
扣除前端申购费后的总资产（元）	10934	12027.4	13230.1	14553.2	16008.5	17609.3
收益（元）	934	2027.4	3230.1	4553.2	6008.5	7609.3

如果年收益为 20%，那一年后，采用前端收费的收益是 1928 元；两年后是 4323.6 元。采用后端收费方式，收益是 1850 元和 4310 元。也就是持有两年以上，采用后端收费方式就有优势。

比较一下，如果采用基金公司直销方式，要持有 2 或 4 年以上，后端收费就显示出优势。

综上所述，如果在银行购买代销基金，建议采用后端收费方式；如果是采用基金公司网上直销，可以考虑前端收费方式。因为 2 或 4 年还是很长的时间，而且市场的事情变化太快。20%的年收益率恐怕也不是年年都可以达到的。但是按照 2006 年的情况，还是选择后端收费方式比较合适。

非常可惜的是，很多基金都不提供后端收费方式。实际上，后端收费方式是为了鼓励大家长期持有基金，这也是非常合理的措施。

4. 红利再投资：分红方式的首选

一般来讲，开放式基金每隔一段时间都会进行分红，也就是给基金持有人返还一些资金。

理论上来讲，基金分红有下列的条件：

（1）基金分红应当采用现金形式，每年至少一次。分红比例不得低于基金净收益的 90%。

（2）基金当年收益应先弥补上一年的亏损后，才可以进行当年分红。

（3）分红后，基金净值不能低于原来面值，也就是 1 元。

（4）符合基金契约的相关规定。

对于这些分红的资金，原持有人可以采用红利再投资的方式继续投入到基金中，也可以采用现金分红的方式把资金提现。在咱们购买基金的时候，都要求选择红利分配的方式，也就是红利再投资或者现金分红。

红利再投资，就是将分得的现金红利继续投入该基金，增加原基金的持有份额，不断滚动，扩大投资规模。对于这种方式，一般基金管理公司是不收取申购费的，它们非常鼓励投资者继续投资其基金。如果投资者看好这一基金，我也建议采用基金红利再投资方式。但如果需要现金或者再平衡投资组合，应该选择现金分红方式，因为现金分红是不收取基金赎回费用的。大多数基金公司都会允许投资者随时更改分红方式，不论通过网络还是柜台，都是很容易进行分红方式的更改的。

很多朋友，尤其是刚刚投资基金的朋友非常喜欢分红，甚至很多人还关注是在分红前购买基金好，还是分红后购买基金好。其实分红并不是那么诱人的。如果问我喜欢分红吗？我会说不怎么喜欢。给钱不要，难道是傻瓜？呵呵，那看是给的谁的钱啊。

分红是基金公司给咱们的奖金还是红包？实际上都不是。分红不过是把本来就是咱们的钱又还给了我们自己，不过是把咱们左口袋里面的钱放到右口袋里面而已。难道就为这咱们还得表示感谢不成？

有过分红经历的人都知道，分红后净值会下跌，而且分多少跌多少，分得越多，跌得越狠。例如，一个原来净值 1.5 元的基金，分红方案是每 10 份基金分红 0.1 元，也就是 1 份分红 0.01 元，那分红后的净值就变成了 1.49 元。实际上咱们的总资产并没有任何变化。

算一笔账，暂且不考虑申购/赎回费用，也不考虑净值的涨跌，用一个非常极端的例子，这样好算。假如一个基金净值 2 元，明天来个大分红，10 份基金分 10 元。真是个大大的分红，这是天上的馅饼吗？让我们来算一算。

如今天投进去 1 万元，买了 5000 份（2 元一份），总资产也是 1 万元。明天一分红，10 份分 10 元，5000 份结果分了 5000 元红利。咱们有 5000 份基金和 5000 份红利。可是净值也跌到 1 元了啊（10 份分 10 元，就是 1 份分 1 元，净值就跌 1 元）！结果咱们还是 1 万元资产。其实什么都没有得到！如果采取现金分红，咱们又拿回来了 5000 元现金，实际上咱们就投入了 5000 元在基金上；如果选择红利再投资，结果又买了5000份基金，份额倒是从今天的5000份变成了1万份，可净值从2元变成了1元，结果总资产还是1万元。

如果要考虑申购费，事情就更滑稽了，因为申购费是不在分红内的。在上面的例子中，虽然咱们采用现金分红方式，可咱们申购时候的手续费是概不退还的，也就是白白丢了5000元基金的申购费用。

为什么分红后净值会跌？如分红前，一个基金有25亿份，净值是2元，总资产就是50亿元。如果来个10份分10元的分红，就是分掉25亿元的红利，这时候总资产就变成了25亿元。25亿元的资产，25亿份的基金，当然净值只有1元了。

红利本来就是咱们自己的钱，基金公司是用咱们自己的钱来给咱们发红包。其实再想想，除了赎回费，分红和自己主动赎回又有多大区别？

为什么会有分红？分红实际上是从股票那里学来的伎俩。基金分红在美国和税制有非常大的关系，另外，很大程度上也是在迎合我们的心理。建议大家采用红利再投资方式。要那点分红的现金干什么呢？拿走了现金，实际上是减少了投资规模。看到过一个数据，美国道琼斯指数是不计算分红的，1896年道指为40点，1998年道指为9181点，如果考虑分红，并使用红利再投资，你猜1998年道指会是多少？652230点！也就是经过100年，如果你使用红利再投资，你的收益是采用现金分红的65倍！

有些朋友喜欢分红，认为分红是落袋为安，是把“浮赢”转化成“实赢”。对这点，我有些看法和大家商榷。

如前所述，最推荐的红利再投资方式其实和不分红是没有本质区别的，无非是钱到你眼前转了一圈，然后又回到了市场里面。只要钱在市场里面，其实就“安”不了。对于现金分红，大家也知道实际上是自己的本金减少了。如果不考虑赎回费，和部分赎回也没有区别。你把钱从市场拿出来了，当然是“安”了，可是也失去了赚钱的机会。投资本来就是用风险去换取收益，即所谓的风险溢价。没有了风险，也就没有了收益。

市场波动的时候，很多朋友都在讨论是不是要落袋为安。做波段的坏处咱们不再讨论，问题是现在咱们撤出市场，是不是就“安”了呢？是的，短期咱们是“安”。如 2007 年 5 月 29 日撤出市场的朋友，因为 5 月 30 日的大跌，在 6 月的头几天真的非常心安。可是随着市场掉头向上，踏空以后就又不“安”了。如果他们在底部又冲了进来（非常棒，抄到一个底，多赚了 10%），可是进入市场后，风险就又回来了。而那些割肉的，但还没有回到市场的朋友恐怕就麻烦了。如果重新进入，不但什么都没有得到，恐怕还亏了；如果不进入，却有继续踏空的危险，显然也不“安”。当然市场大跌，跌到上次的底部以下，那倒是有可能抄到更低的底。但只要你回到市场，你就没法儿“安”。

除非不投资，除非咱们离开证券市场，否则永远没有落袋为安的时候。如果转头想投资房地产，你认为现在你的房产的盈余是实赢还是浮赢？显然也是浮赢啊。再看看开公司能否赚钱，投资公司自然也是有涨有跌，效益好的时候资产的膨胀其实和股票市值的增值没有本质的区别。任何投资都不是储蓄，任何投资都有风险，任何投资的盈利都是浮赢，只要你在市场中。

只有当咱们最终的投资目标达到，真正撤出市场的时候，才可能真正地“安”，否则永远没有什么落袋为安。

只有金盆洗手之日，才是落袋为安之时。只有金盆洗手，才能真正把浮赢转换为实赢啊。

那问题就简单了，现在是你金盆洗手的时候吗？如果你的投资目标达到了，找个高点，把基金一卖，该怎么享受就怎么享受吧。如果投资目标没有达到，就继续承担风险吧，别无选择。分红并不会改变什么。

总之，分红并不是一个在基金购买中的关键问题。分不分红，对于长期投资者来说并没有太大的意义；另外，红利再投资是一个好的选择。

5. 千万不要波段操作和预测市场

如图 4-1 所示，这是一张上证指数从 1990 年 12 月到 2006 年 12 月的走势图。

图 4-1　1990 年 12 月至 2006 年 12 月上证指数走势

几乎所有的人都会想，如果能在 1992 年 11 月市场的一个低点买入，然后在 1993 年 2 月市场的高点卖出；再在 1994 年 7 月底的低点买入，在 9 月中的高点卖出；在 1995 年 5 月中的低点买入，在 8 月的高点卖出；……那将是多么美妙的事情啊！

在市场的低点买入，再在下一个高点卖掉，然后又在下一个低点买入，在另外一个高点卖出，长此以往，这就是所谓的波段操作。波段操作的拥护者认为这是一个获得“超额收益”的好办法，因为这不仅可以享受市场长期上涨的趋势，而且还可以在短期内，因成功捕捉市场的脉搏而快速致富。高抛低吸，其实这样做倒是很符合市场的原则，但问题是咱们能号准这个脉吗？

咱们再来分析一下图 4-2 和图 4-3。

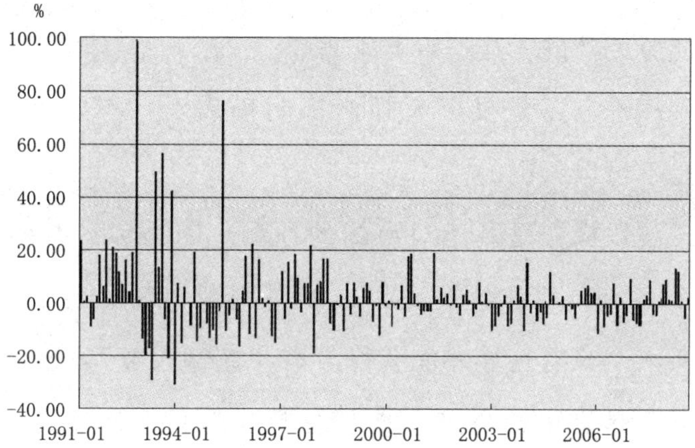

图 4-2　1991—2006 年月收益的变化

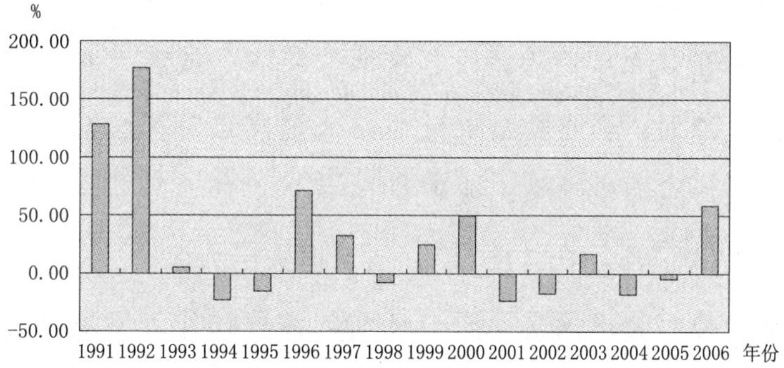

图 4-3　1991—2006 年年收益的变化

从图 4-2 和图 4-3 可以看出，不论是月收益还是年收益，它们的变化是没有任何规律的，也就是从这个月或者今年的情况，完全没有办法预计下个月或者明年的情况。今年涨，不一定明年也涨；这个月跌，也不意味着下个月也跌。

这就是所谓的市场的不可预知性！

虽然在股票市场上也有很多“技术”派理论试图从市场过去的数据推断出未来的情况，但现代市场理论已经完全证明了市场是没有规律可循的，也就是说市场是完全不可预测的，任何预测市场的方法都是徒劳无功的。这一点非常重要。

无论是理论家还是投资大师们都明确表示：不要去预测市场，因为市场是不可以预测的。

显然，波段操作是基于对市场的预测。因为你得判断市场是否已经在一个高点，那你就要卖出；如果判断市场已经到了最低点，那你就得买入。只有这样才能获得所谓“超额收益”。但经常是你判断的高点并不是真正的高点，低点也不是真正的低点。当你在一个自认为的“高点”卖出后，市场却继续走高，结果你就处于一种所谓“踏空”的状态；而在“低点”买入以后，市场继续下跌，结果“被套”。由于是希望追逐波段，这种“踏空”或者“被套”的压力将完全打破计划，最终的结果是在一个“高点”卖出后，在更高的地方又买入，因为怕踏空；或者是在一个“低点”买入后，在更低的位置又卖出，因为怕“被套”，结果损失巨大。

投资大师们的建议是不要做任何的波段操作，不要预测市场是在高还是在低。也许做一两次波段操作会成功，这不奇怪。但市场分析家们通过对历史数据的分析证明了，除非你有70%以上的概率能对市场做出正确判断，可谁有如此高的判断能力呢？这是不可能的。所以，波段操作还不如长期持有。

但波段操作的诱惑实在是太大了，那些波段操作成功的人的得意也实在让人们眼红。波段操作好像又是那么容易实现，放着钱不拿，岂不是太愚蠢？这就是贪婪。

一定要放弃波段操作的想法。投资大师没有一个是波段高手，而炒股炒砸者多是玩波段的。大家都知道市场是不可以预测的，可还有那么多人不信，还有那么多人要去试验，还有那么多人相信预测，可见贪婪的力量有多大。

在美国先锋基金公司的基金招募书上有这样一句话：

DO NOT INVEST WITH VANGUARD IF YOU ARE A MARKET-TIMER.

这句话的意思是：如果你是一个选时（波段）操作者，就不要投资先锋基金公司。因为波段操作不但害己还害人。不停地对基金买入卖出，必然影响基金的整个投资战略，因为它们需要不停地应付现金的进入和流出。所以，美国一些基金公司规定，在卖出后，60天内不得买入同样的基金，就是为了控制这种波段操作行为。

华尔街有句名言：市场是由贪婪和恐惧来推动的。而波段操作就是贪婪和恐惧最好的体现，这两种情绪的交叉最终会导致你的心态完全失衡，但心态却是投资中最重要的东西。

伟大的投资大师巴菲特说过，投资主要是在于避免做出愚蠢的决策，而不是在于做出几个非凡的英明决定。这就是说，投资最大的敌人是自己犯的错误。曾经有人做过一个统计，网球的打法有两种，一种是职业高手的打法，一种是其他人的打法。在专业比赛中，80%的得分是靠主动进攻得到的；而在业余比赛中，80%的得分是靠对方犯错误而得到的。职业比赛是一种赢家的游戏，而业余比赛就是输家的游戏。

散户投资，就是一种“输家的游戏”。不要做梦靠自己的判断去战胜大盘，去获得超额的收益，如预测市场、波段操作等。咱们要做的只是不被大盘落下，不犯错误。实际上，连巴菲特都不去做“非凡的决策”，何况我们呢？

世界上有两种飞行员，一种是“老”的飞行员，一种是“大胆”的飞行员，但没有“老的大胆的”飞行员。你是愿意做一个“老”的投资者呢，还是做一个“大胆”的投资者？这就是《投资艺术》一书阐述的投资是“输家的游戏”的观点，我也非常赞同这个观点。

“波段操作是邪恶的观念，想都不要去想！”

6. 各领风骚的一次性投资和定投技术

波段操作是千万不要做的，那怎样投资是比较好的方式呢？

一种方式是一次性投资。由于市场的长期趋势是向上的，因此投入得越早，最终的收益越大。如果咱们有一笔资金，决定进行投资，那就可以采用这种一次性投资的方式，直接进入市场。但市场短期是有起伏的，尤其是中国市场的波动性非常大，如果在一个相对的高点进行一次性投资，一般来讲不是特别有利。所以，我建议采用分步进入市场的办法，可以把这笔投资分成几份，在不同的时期投入市场。这也许不是一个最好的方式，但也不会是一个最差的方式。当然，在投资过程中，一旦你发现市场有较大变化，也可以加快投资的步调。

其实，这种分步投资的思想来源于另外一种非常好的投资方式：定投。如果咱们无法做一次性投资或者做完一次性投资后还有资金到位，就可以考虑定投的方式。

定投的标准说法是定时定额投资。也就是说，咱们在一个固定的日子，对某一基金投入固定的资金。例如，咱们每个月的 1 号固定在一只基金上投资 1000 元，而根本不管当时这个基金的净值是在高位还是在低位。

这样做的结果是：如果市场在高位，1000 元资金买入的基金份额就少；如果市场在低位，买入的基金份额就多。这就是定投的第一个好处：长期平均下来，得到的是一个平均的投入成本，也就平滑掉了市场短期的波动。

第二个好处是，对于工薪阶层，可能无法一次拿出一大笔钱去投资养老，但在不影响生活标准的情况下，每个月可以有部分节余投入市场。这样，定投就解决了这个问题。

最大的好处是第三个，定投不用去考虑市场的情况，无须预测市场。也就是说，不用在贪婪和恐惧中煎熬。投资中最忌讳的心理是贪婪，而绝大多数人都克服不了贪婪，结果就过于自信地认为自己可以把握股市的波动获得额外的收益，最终往往是获得了“额外的损失”。定投就可以逼迫我们克服贪婪。这是一种强制性的、非常有纪律性的投资方式，不去考虑股市的涨跌，也不要试图抓住这种涨跌“规律”。要知道严格的纪律性在投资上是非常重要的。大家可以去看很多基金的基金招募书，哪个基金公司都会强调基金经理会用严格的纪律性来把控投资。人都是贪婪的，没有纪律性的投资最后一定会害了自己。

定投可以是任何时间间隔的，可以间隔一个月做一次，也可以间隔一个季度、半年做一次。这完全取决于资金的到位情况。

定投得到的是一个平均的状况，就是定投这段时间的平均效应。最后的买入成本不会是最高的，也不会是最低的。用我自己的话来说，就是“不求有功，但求无过；不求最佳，但求平均”，这其实也符合“输家的游戏”的思想。

有人说定投是懒人的做法，咱们为什么不每个月都去寻找一个低点去买入呢？这就是所谓的“自由定投”。我不赞成这种做法，因为这又回到预测市场的陷阱里面。要寻找低点，就不得不判断现在是不是低点，或者明天会不会更低。像 2006 年 11 月这种情况，市场持续上涨，如果采用“自由定投”的方式，估计很难找到市场的进入点。长此以往，因为人为的干预，最后也就失去了市场平均的效应，最终失去定投最大的特性。

经常有人说：“我想定投，请您推荐一个适合定投的基金。”那我要说，这种说法也是很不对的。定投只是投资的一种方式，而不是目的。咱们先选择一只基金，再来考虑是否采用定投方式。基金的选择依赖自己的投资期、风险承受能力等因素，而是否定投不是选择基金的要素。这就像我们先说要去火车站，然后再考虑是坐公共汽车去，还是打的去。反过来，咱们先说一定要坐公共汽车，再考虑是去火车站还是飞机场就很滑稽了。

还有朋友问什么样的基金更适合定投，是波幅大的还是波幅小的。我的答案是都适合。回头再看咱们前面讲的定投的 3 个好处，这和基金本身的特性没有任何关系。也就是说，无论是定投激进的基金还是平稳的基金都具备这 3 个好处，因为即使是再平稳的基金也会有波动。其实，即便是货币基金，咱们也可以采用定投的方式，如果这样，就非常类似于“零存整取”的储蓄。

定投是一个非常好的方式，也是一个我非常热衷的方式，而且定投是牛市、熊市都可以采用的方式。

如果咱们手边有 10 万元要投资，结果却把这 10 万元分成了 100 份，定投 8 年，想想那也是非常可笑的。要知道市场是长期向上的，如果有条件，越早进入市场越好；如果没有条件一步到位，定投就是非常理想的投资方式。

中国的股票市场变化非常大，尤其是经历了 2001—2005 年熊市的朋友，对长期投资难以接受。但假设有一个指数型基金跟踪上证指数，那么，如果在1990年上证指数是100点的时候投入了10万元，到2006年9月上证指数到1800点的时候，总资产就变成了180万元。但如果在1990年咱们拿不出10万元（在那个年代，这的确是非常大的一笔钱），而从1990年开始每个月从工资里面结余520元投资这只指数基金，到2006年9月，会有23.4万元在基金账户中。更不用说再计算到2007年，那收益至少又是一个翻番。无论哪种方式，经历了16年的风风雨雨，咱们依然可以得到一个不错的收益。同样可以看到，虽然总资本都是10万元，但结果却有很大区别，这同样说明了一次性投资和定投的区别。

要注意的一件事情是，在2007年之前，办理定投还只能在银行进行，也就是通过银行代销的方式定投基金。只要银行卡里面有足够的钱，一到设定好的时间，银行就会自动帮助购买基金，根本不需要操心。还有一个特点是，定投可以从一个非常低的门槛进入。一般的基金申购都要求1000元，但在定投的时候，这个标准可能降低到500元或者300元，这对工薪阶层非常有利。

但不是每个银行代销的所有基金都可以定投。例如，交通银行代销上投阿尔法基金，但却不能在交通银行办理上投阿尔法的定投。这显然就非常麻烦，好不容易选择好一只基金，还要花很大功夫去寻找哪个银行办理这只基金的定投。

大多数基金公司的直销是不办理定投业务的，我猜想这是因为基金公司不能主动到银行转账收款。所以，也就不能享受网上直销申购费的优惠。最理想的办法当然是通过网上直销定期购买同一只基金，但缺点一个是非常麻烦，另一个是很容易不自觉地变成所谓的“自由定投”。不过，从2007年下半年开始，通过广发银行卡可以自己进行广发基金和易方达基金的网上直销定投业务，也就是可以享受网上直销的优惠。真希望这种方式能扩展到越来越多的基金公司和银行。

把一次性投资和定投结合起来使用是最好的方式。当年终发了奖金，可以一次性或者在较短的时间内投入市场，而每个月的结余就可以采用定投的方式积少成多。

7. 长期持有策略是制胜的法宝

实际上，基金最合适的持有方式是长期持有。也就是说，当咱们精心选定一些基金以后，要尽可能长时间地持有它们，而不会因为一些暂时的因素抛弃它们。

经常可以遇到这样的朋友，他们抱怨自己持有的基金跑得慢，落后于某只基金。于是就抛弃原来的基金，转换到那个跑得快的基金上去。过了一段时间以后，又发现这只基金慢了，结果再换到另外一只上面。换来换去，钱没有赚到，申购费和赎回费倒是交了很多。更可气的是，好像一赎回哪只基金，哪只基金就开始涨；一申购哪只基金，哪只基金就不动。

其实这种现象并不奇怪。基金投资股票经常有一定的方向性，也就是会重点投资某些领域的股票，这就是大家常说的“板块”。不同的基金根据自己的研究，会投资不同的板块。但是市场有一个非常奇特的现象，就是所谓板块的轮动。这个月可能是这个领域的股票在涨，下个月可能是另外一个领域的股票在涨，但这种轮动也是不可预测的。基金公司通过研究可以预测某种板块的股票可能会涨，但没有人知道它什么时候会涨。是明天还是明年，没有人能预测得出来。这样，当持有一只基金的时候，如果这只基金主要的投资板块没有启动，那很可能会比其他基金跑得慢。这时候，当发现边上那只基金，由于它投资的板块是当时的热点，涨得比手上这只快的时候，就会觉得心痒痒。可经常是放弃了现在这只，转换到“热点”

基金的时候，那只基金的“热点”也开始降温了。发现自己的基金不是热点需要时间，发现别人的基金是热点也需要时间，等实在受不了自己的基金而决定转到其他基金的时候，自己原来的基金已经悄悄预热，而别人的基金已经过了高潮。结果这种跳来跳去的做法，不但徒劳无功，而且还缴纳了一堆买入卖出费用。

有一个我非常喜欢的比喻：

很多人都有过去火车站排队买票的经历。无论在哪个窗口排队，最终都可以买到票。当最开始选择排在哪个窗口的时候，一般只是随便估计一下哪个队伍人最少，因为大多数情况下，队伍的长短都基本相同。但当排上队以后，就会发现有时候自己的队伍走得快，有时候别人的队伍走得快。这时候，是继续保留在原来的队伍中，还是在各个窗口之间跳来跳去，不断追逐走得快的队伍呢？大多数人都知道，保留在一个队伍中一直排下去可能是最好的办法，而那种跳来跳去的方式是非常糟糕的。

“保留在一个队伍中一直排下去”，就是基金投资的长期持有策略。

基金的这种轮动是常见的现象。就说易方达基金公司，2006 年上半年，很多人都说除了易方达 50，什么易方达的基金都可以买。那时候，易方达策略基金是被追捧的对象。可到了三季度，由于大盘蓝筹股板块的启动，易方达 50 开始爆发，很快就冲到了所有基金收益的前列，而这时候易方达公司的其他基金却萎靡不振，易方达策略也从晨星评级的五星跌到三星。这时候，在论坛上对易方达公司的批判此起彼伏。可进入四季度以后，易方达策略又重新启动。11 月，它的收益排在 94 只同类股票基金中的第一名。如果上半年咱们持有易方达策略，三季度转换到易方达50，然后四季度又回到易方达策略，那当然是非常美妙的事情，但是这就要求咱们可以预测到哪只基金在什么时候会涨，什么时候会跌。还有一种情况更常见，也更合乎实际，那就是：上半年持有易方达50，越来越觉得失望，因为它的兄弟易方达策略是那么火爆。当实在受不了的时候，就从易方达50转换到了易方达策略，可没过多久，易方达策略却开始不景气。当受到连续打击并彻底抛弃易方达基金公司的时候，无论是易方达策略还是易方达50都开始蒸蒸日上。其实，无论是一直持有易方达50，还是持有易方达策略都可以得到一个非常好的结果。

基金是一个适合长期持有的投资对象。基金公司也非常鼓励大家长期持有基金，例如，赎回费会随着基金的持有年限而递减。长期持有对咱们和基金公司都非常有利。

但长期持有策略并不是意味着当咱们购买了一只基金后就再不用管它。反正是长期持有，不闻不问不就行了？这种办法其实是非常危险的。

选择基金的时候主要是基于个人的投资目标、投资期、风险承受能力，也是基于这只基金的资产分配和投资策略，还是基于这只基金背后的基金经理和基金公司的能力，等等。如果这些基本点都没有变化，长期持有一只基金当然也没有问题。但如果这些东西有所改变，就得考虑这只基金是否还适合咱们了。因此，对于这些基本因素，必须进行跟踪，从而确保这只基金在基金组合里面一直保持合适的地位。

在我的博客（http：//laok2. blog. sohu. com）里面，有朋友留言说“我怎么觉得这东西（基金）蛮像情人，老是让人放不下，总是心挂挂”，也有朋友说“我蛮喜欢新基金，期待它的诞生，关注它的成长，经历它的痛，分享它的乐。忽然，有一天，一抬头，一回首，却发现它却已如一个美女或若一个美男，让你欣喜让你疯狂。而这其中滋味，犹如这人生，没有永远的痛，没有永远的乐，只有一种信念向上向前，这都是一种财富”，等等。

对自己持有基金的迷恋之情溢于言表。每个投资基金的人，或多或少都有这种情怀，基金高兴（上涨），咱们兴奋；基金伤心（下跌），咱们消沉。而且，如果有人对咱们持有的基金表示不恭，咱们会大怒、愤慨；当然，如果咱们持有的基金也为别人所喜好，又会把对方当成知己。这好像和恋爱中的人的感觉非常相似啊。

可我一定要说，别和基金谈恋爱。

可以喜欢那些基金，甚至喜欢基金后面的基金公司。可一定要提醒自己：为什么会喜欢这只基金。千万别“情人眼里出西施”，无论它怎么样，都是它好。显然，如果开始选择正确了，会为自己的选择而自豪，为自己而自豪；如果选择错了，会非常遗憾，甚至不敢承认自己犯了错误。追求自豪和回避遗憾的心理，常常会过长地持有一只不适合自己的基金；而且，持有的时间越长，感情就越深，越不想卖，虽然它已经很不可爱了。

别爱上基金，别用感情替代了理智。它对咱们好，咱们才对它好。它要咱们，咱们根本不用理它。长期投资可不是在一棵树上吊死啊。可以爱投资，但别爱上某只基金。

长期持有是非常好的投资策略，但也是有条件的，这条件就是这只基金是符合要求的。

在所有的论坛上，几乎都在讨论：什么样的基金好？现在的时机是买还是卖？

仔细想想，是不是都是这些问题：选基和选时？或者说如何选得好，如何买得巧？甚至还很容易把技术派和选时，把基本面派和选基挂上钩。选得好，选到一个明星基，一个未来的五星，那是多么爽的事情；而买得巧，把握住一个回调的低点，大大加仓一把那又是多让人振奋啊。

不过，我现在越来越感觉到选基和选时都不是最关键的事情。选得好买得巧，不如守得住。

回想一下 2006—2007 年的行情，如果在早期随便什么时候进入，而且随便构建一个不是太糟糕的组合，坚持到现在的收益翻几番不是太大的问题吧。但事实却不是这样，真正能翻几番的人能有几个呢？大部分人是做不到的。原因只有一个，守不住。

现金为王，可是现金不会产生收益。买入基金才是第一步，卖出的价格才决定最后的收益。在买入和卖出之间就是守！常言说："会买的只是徒弟，会卖的才是师傅。"但我觉得，能劝住咱们守住不动的则是大师。咱们往往会面对太多的诱惑、贪婪和恐惧。投资是对咱们自己人性的考量，而咱们的人性说到底是有弱点的。选得好、买得巧，也许都可以通过某种技巧、某种工具、某种帮助来实现，即便不能实现，也有参考。可守得住就只有靠你自己了。我守不住的时候，最常用的办法就是去看大师的书，所以才有"劝住咱们守住不动的则是大师"的感想。

在牛市中，再怎么样，守也好守。以前我最佩服的人是能在 1000 点买入 A 股的人，后来我佩服的是从 2000 点先守到 1000 点，再守到 6000 点的人。在熊市买入需要的是勇气，而从熊守到牛的人却是需要毅力、耐心和信心的。

8. 什么时候赎回基金

对于长期投资者而言，在两种情况下可能会进行基金赎回的操作：①这只基金不再符合自己的投资策略；②自己的投资目标已经达到。

投资组合是根据投资策略制定的。投资策略里面，我认为第一个要考虑的是投资期，第二个要考虑的是投资人的心理风险承受能力。但这两个因素都是会变化的。如你开始制定的投资目标是准备养老金，而这时候你只有 40 岁，目标是 60 岁退休。所以，开始的时候，选择了非常激进的投资组合。可过了 10 年，当你 50 岁的时候，投资期就缩短了，这时候就要开始考虑将激进的组合过渡到平稳的组合，如增加债券的比例，这样才能确保你在要用钱的时候能基本不受市场大的波动的影响。此外，在刚刚进入市场的时候，你的心理情况可能很脆弱，大盘的跌宕起伏可能让你夜不能寐，那就应该选择平稳点的组合。但是随着对市场的适应，对投资理念的理解，你的心态趋于平和，这时候为获得长期更大的收益，可以逐渐增加投资组合中激进基金的比重。无论是发生上述哪种情况，都要去考虑原来持有基金的赎回或者转换问题。

基金本身也是会变化的。当开始做资产组合的时候，你只需按照当时基金的情况进行考虑。但随着时间的推移，基金本身的资产组合和投资策略也会发生变化。例如，上投摩根基金公司的中国优势基金在开始发行的时候，股票的比例是定在 80%，而 2007 年增加到95%。那你可能就要考虑这种变化是不是自己需要的和能承受的。当一个本来规模中等的基金膨胀到一个巨型基金的时候，你也不得不考虑巨型基金在表现上和中等规模的基金的差异；尤其是当一只原本是激进型的基金在规模急剧扩大后，自然就会变化得不那么“激进”的时候，也就是人们常说的船小好调头。另外，如果一只基金的份额大规模减少，这也是非常恐怖的事情，因为太小的基金将面临清盘关闭的风险。这些也是咱们要考虑的东西。

基金经理和基金公司也是会发生变化的。基金经理的变迁在国内似乎是一个非常常见的现象。虽然大部分基金公司采用的是团队作战的方式，但基金经理作为一个“前锋”，依然是非常关键的。基金经理的变动往往意味着某种投资风格的变化，在这种情况下，咱们就一定要多多加以关注。也许赎回不是好的策略，但加倍关注是必需的。基金公司更是一个要重点“盯防”的对象。无论是在中国市场还是在美国市场，基金公司暴露丑闻并不是新鲜的事情。不要指望一个“肮脏”的公司下面会有一只为咱们的利益服务的优秀基金。覆巢之下，焉有完卵？咱们要做的首先就是选择一家信得过的，能为咱们谋福利的公司。说到底咱们是把钱给他们打理，如果连基本的信任都没有，那还是算了。

基金的业绩表现是不是咱们需要考虑的因素呢？当然是的，但一定不是短期业绩。业绩的比较一定是要在同种基金之间进行的，如果一只基金在较长的时间内落后同类的其他基金，那事情就比较麻烦。我说的“较长的时间”至少是用半年来衡量的。但同时如果一只基金跑得比同类基金快，也不是好事情，因为这也说明有什么不对头的地方。可能咱们原本想要一只平稳的基金，但跑得太快一般就是波动幅度比较大，这就和我们的要求不一样了。

当有上面这些事情发生的时候，就得考虑是不是该赎回原来持有的基金了。

投资期快要结束时，投资目标基本要达到的时候，也要有个赎回策略。虽然投资期一般都比预想的要长，但最终总是要赎回的。不过也要注意到，即便准备 60 岁退休，也不是说到 60 岁的时候就需要把所有的投资都赎回。如果按能活到 80 岁，那后面还有 20 年的投资期啊。所以要有一个策略，要一部分一部分地赎回。

虽然在股市下跌的时候赎回基金是很不明智的，但为了不在最后的时候被熊市搞得进退不得，只能早做打算。最好是提前 5 年就做准备，把需要赎回的部分在市场处在较高位置时转换成平稳的基金，或者债券基金。这样，即便 5 年后遇到熊市，也不会在退休开始的时候没有钱用。不要冒不必要的风险去赌未来的市场情况，在任何时候都不要去预测市场。

我也建议，赎回过程宜采用分步的方式。中国的股市波动频率太快，分步赎回也会降低一些风险。在任何时候都要记住，控制风险是最重要的。

9. 基金膨胀带来的影响

2006 年，新基金销售火爆加上老基金的“持续营销”，百亿元规模的基金已经不是什么新鲜事情了。于是我自己花了些时间在这方面做了些研究。

从互联网上查到 2 个关键数据（这些数据是 2006 年 12 月的情况）：

（1）全球股市的总市值大约为 40 万亿美元。其中，美国占 41%，约 16 万亿美元。

（2）中国当时的市场总市值不到 7 万亿元，约 8500 亿美元，占全球市场的 2%多一点。

这也就是说，虽然 2006 年中国股市翻番，但中国的总市值大约只是美国的 5%。

再来看股票基金市场。下面的数据主要来源于美国晨星网站。

总体来讲，美国基金平均规模不到 18 亿美元，也就是约万分之一美国总市值。巨型基金在 1000 亿美元以下，如先锋 500 指数基金，现在是 700 亿美元，也就是占美国股市总市值的 0.43%。但要注意，这是一只被动型的指数基金。

当基金庞大到一定规模时，一般都会对新投资者采取关闭策略。

先看大盘基金，大盘基金平均规模不到 20 亿美元。看两个庞然大物，就是原来彼得·林奇管理的富达公司的麦哲伦基金，现在规模为 450 亿美元，约占美国总市值的 0.28%，但这只基金已经对新投资者关闭多年。先锋公司的 PRIMECAP、晨星五星基金，也已经关闭，规模为 223 亿美元，不到美国总市值的 0.15%。基本上，200 亿～300 亿美元的基金已经是非常大的基金，也就是占总市值的 0.2%左右。

中小盘基金的平均规模都不到 10 亿美元，也就是占总市值的万分之零点六。80 亿美元（总市值的万分之五）的中小盘基金已经非常庞大了，很多都已经关闭，如 Vanguard Capital Opportunity（52 亿美元）、Vanguard Explorer（85 亿美元）。

美国所有的股票基金，平均规模是总市值的万分之一。对于大盘基金，平均规模为总市值的万分之一点二，而中小盘基金是万分之零点六。大盘基金的上限（除了指数基金），约是总市值的 0.2%，中小盘基金上限是 0.05%左右。

拿这些比例套到中国市场。

按照当时总市值 7 万亿元算，平均的股票基金规模应该在 7 亿元左右。其中，大盘基金规模约不到 10 亿元，中小盘基金约不到 5 亿元，而大盘基金的上限约 140 亿元，中小盘基金应该在 35 亿元。

从这个结论上看，市场上的基金基本符合这个范围，但也有超出的。对于超出这个规模的基金，我个人觉得要认真考虑一下了。400 亿元（中国总市值的 0.57%）的主动型股票基金恐怕是过于庞大了。

虽然，美国市场和中国市场有很多不同，但用基金规模和总市值的比例作为评定基金规模是否合理的依据，我想是有道理的。这也就是我做这个研究的基点。

那大规模的基金会带来什么问题呢？

首先，大规模的基金在投资上可能会遇到一些问题，尤其是对小市值的公司而言。对于基金的投资有个硬性的规定，一家基金公司旗下的所有基金不能拥有某只股票流通股10%以上的资产。这样，对于大规模的基金，如果投资到一个小盘股票，再怎么投，这个小盘股票在整个基金中的分量也不可能大。而大盘股票，占有的总市值大，但种类少，无形中大盘基金必然会集中投资某些大公司股票。相对来讲，也就容易产生集中持股的现象。但是，一只股票的仓位又不能超过基金总额的10%。这就给选股带来了难度。一只400亿元的基金能考虑的股票最多也只有总市值的10%，就是7000亿元，也就是17∶1的样子，就是要从17只股票里面选择一只。而对于40亿元的基金，就可以从170只里面选择一只。

对于中国这种急剧变化的市场，大盘基金操作就更为困难。这就是所谓换手率的问题。据说，2005年的中国基金的换手率为300%～400%，这就是说，400亿元的基金交易的金额在1500亿元左右。从7000亿元里面选择1500亿元股票，难度可想而知。这样，大盘基金必然会降低换手率。也就是说，大盘基金的表现就很难"激进"，很难活跃。中国市场的特色是成长类基金占主要地位，而成长类是非常活跃的品种。

另外，大盘基金如果要活跃起来，一定会引起市场的震荡。这也是意料之中的事情。

对于基金公司来讲，能做的无非是两件事情。一是控制规模，例如，对新投资者关闭基金申购，即上投先锋基金和上投双息基金做过的事情。要想保持基金原来的特性，只能把规模降下来。二是改变基金的投资策略，将一只激进型的基金，转变成一个平稳型的基金。

对于我们投资者来讲，也许一个平稳型基金的规模膨胀并不是特别关键的问题，但对于小盘成长型基金来讲，这恐怕就是一个大问题了。

不过，庞大的基金也许有个好处，那就是整个市场会变得平稳点，短期波动将减少，还是拭目以待吧。

2007 年，中国的 A 股蓬勃发展，行情的上涨加上大量新股的发行，尤其是红筹股的回归，沪深两市总市值已经超过 30 万亿元，使得几乎上述所有归算的数据都要乘以 4，但考虑的思路是一样的。

“规模是业绩的敌人”，这话可不是我说的。这话是出自巴顿·比格斯的《对冲基金风云录》一书。其实，他讲的是基金业绩的上升会带来很多新的资金涌入，而这种规模的扩大却会导致基金业绩下降。结果就形成一种怪圈，最后导致基金昙花一现。

偶尔看到鹏华价值的 2007 年三季报，其中在对过去一季的回顾中，它们说：

> 报告期内本基金的表现可以分为两个阶段：8 月中旬以前表现较好；8 月中旬以后进行了分拆扩募，基金规模扩张 10 倍以上，基金仓位迅速下降。考虑到大量新申购的基金投资者对基金投资的风险可能缺乏足够的认识，加之大盘处于高位，经过仔细分析和讨论以后，本基金确立了以绝对回报为主的投资思路，尽量避免新进入的基金投资者出现亏损，因此在仓位上采取了慎重建仓的策略，控制建仓节奏，同时在选择投资品种方面，也主要以防守为主，重点投资那些前期调整较为充分、相对估值具有一定优势

的个股，而在市场表现较好的有色金属、航空等行业基本没有投资，煤炭股的配置也较低。从目前看，上述投资策略完全偏离了市场方向，未能为投资者取得良好的投资回报，在此向广大基金投资者致以深深的歉意。

鹏华价值 2007 年 8 月 15 日拆分，结果基金规模从二季报的 16 亿元变成了三季报的 143 亿元。其实这种规模的突然扩张，必然让基金处在一个尴尬的境地。对于新涌入的资金，基金经理也找不到好的投资标的，业绩不理想实在是意料之中的事情。

由此我又想到了另外一只基金：嘉实策略。嘉实策略 2006 年 12 月 12 日首发，一天之内认购 420 亿元。这个首发最高纪录依然保留到现在，至今没有任何基金超过这个首发规模。而且，大家还要注意当时的上证指数只有 2200 点，中国 A 股总市值不过 7 万亿元。也就是说，当时 420 亿元的基金类似于 2007 年一个 1000 亿元的基金。就因为诞生了如此庞大的“航空母舰”，所以 2007 年才产生了基金配售的做法，因为基金公司也受不了了。另外，为了运作这 420 亿元的资金，嘉实公司配置了 4 名基金经理，这也是一个纪录。

嘉实策略的境地到底如何呢？2007 年一季度结束时还有 278 亿份，净赎回约 140 亿份；二季度结束时有 160 亿份，净赎回约 120 亿份；三季度结束时剩 127 亿份，净赎回 33 亿份。虽然 2007 年是一个大牛市，但该基金的净资产也从 420 亿元一路下降到不到 230 亿元。规模从建立初期的遥遥领先的龙头老大，到了 2007 年的 20 名开外。关键是 2007 年的业绩还垫底，竟然只有 67%的收益。面对这样的局面，不知道那 4 位基金经理有何感想，嘉实公司又有何感想呢？是不是命运其实早已经注定了呢？

中国基金的规模膨胀更大程度上不取决于基金的业绩，而取决于市场和公众的热情。无论是申购还是赎回，购买者经常都是一窝蜂，而且拆分、分红之类的持续营销效果之显著更是让人瞠目结舌。

2006 年的大象基金是认购出来的。在这一年中，市场开始发生变化，赎回也就很明显。除了冠军嘉实策略，2006 年的百亿基金还有广发优选（发行时 184 亿份，2007 年 83 亿份）、易方达价值精选（发行时 118 亿份，2007 年 53 亿份）、南方绩优成长（发行时 125 亿份，2007 年 112 亿份）、华夏优势增长（发行时 141 亿份，2007 年 91 亿份）、工银成长（发行时 122 亿份，2007 年 67 亿份），实在是来得快，去得也快。那时候还没有发行规模的限制，也没有配售一说，所以那时候的发行规模比 2007 年的还要大。不过这里面也有业绩不错的，如广发优选。

2007 年的大象基金除了新诞生的以外，更多的是“分”出来的，无论是分红还是拆分。博时价值增长、嘉实稳健、诺安股票、融通新蓝筹等，数不胜数。2007 年二季度末 200 亿元以上的基金才 8 只，三季度末就到了 40 多只，除了业绩增长的带动，更多的是持续营销的战果。

广发聚丰是我喜欢的一只基金。2007 年二季度末，规模为 50 多亿份；9 月初，一纸分红公告就吸引了新资金 60 亿元；三季度底基金净资产就达到 150 亿元。10 月 12 日，聚丰再次打开申购，一天就有 600 亿元资金申购，结果不得不拿出“申购也配售”的新招。即便按照 25%的配售比例，聚丰 10 月也是一个 300 亿份的基金了。有很多人对聚丰的配售非常不满，不过试想一下，如果聚丰不配售，那就是一个 800 亿份的大盘基金了，最后的结果很可能是玉石俱焚。

我相信基金公司是非常清楚“规模是业绩的敌人”这句话的。在巨大利益的诱惑下，扩展规模的动力也与日俱增，它们也试图在这中间做些平衡，但有些市场规律恐怕也不会是以人的意志为转移的。

但愿它们能平衡得好，皆大欢喜，否则市场那只无形的手最后也会给它们一个平衡的。能像林奇那样管理着几百亿美元大象基金的人并不多；而且从另外一个角度看，这种规模的快速膨胀更多的是“吹”起来的。既然能“吹”起来，当然也会“瘪”下去。来去匆匆的过眼云烟其实对谁都不好。

10. 还是风险：最重要的事情

曾有一个朋友来玩，看见我在看关于投资的书，于是问我投资了什么品种，我说：“买了点基金。”结果朋友就开始教训我投资证券市场是多么危险，目的就是告诉我不该做这样的事情。我没有再说什么，因为我知道我显然比他理解得多一点，因为他根本就没有进入过市场。而且，这也不是几句话就能和他讲清楚的。

我开始在想，投资对什么样的人会带来大的损失。

对我的朋友而言，他不会有损失。他根本不会进入市场，因为他知道“股市是危险”的。但他不知道股市的危险在哪里，只是知道有危险……所以他永远不会有损失。其实，与其说是对危险的恐惧，不如说是对未知的恐惧让他远离投资。他不会有损失，但也不会有收益。在他的脑子里面，永远只有一条，投资是恐怖的。

对巴菲特而言，他也不会有损失。对他而言，不是市场没有风险，而是他知道风险在哪里。他会规避风险和控制风险。当我前几次看大师们的书的时候，老看见他们说：投资最重要的是控制风险。当时很不理解，市场的风险，我们怎么能控制呢？我们怎么能控制市场的涨跌从而不亏损呢？现在我好像开始理解一些了，他们是靠对风险的认识和理解，从而在投资过程中知道什么时候该出手，什么时候不该出手。结果，他们就规避了主要的风险，也就是控制了风险。结果，他们投资，他们获利。

但对我们来说，进入市场知道有风险，但很多的时候却不知道风险在哪里。所以，对咱们来说损失就可能很大。但这种未知的风险，随着咱们对其理解的加深而减弱。也就是刚刚进入市场的时候，风险最大，当咱们开始好好学习、认真钻研时，风险就开始逐渐减少。

当然，咱们不像大师那么会控制风险，但至少也许可以闻到一些风险的味道。不过，前提是必须努力去思考。

有一次出差，在飞机场看到一帮机长。当时我想，他们的工作真的很危险。可转念一想，不，他们驾驶飞机其实不危险，危险的是让我现在去开飞机。他们知道什么是风险，知道怎么规避风险；但我却什么都不知道，如果让我去开飞机，结果必然是坠机。

风险是会欺负人的，这和所有的麻烦一样。不搞清楚，它就一定会欺负你。你知道了它，了解了它，它就会离开你。

多想，多学，多钻研，多思考。我想，这恐怕是获得收益的唯一办法。

其实，投资的风险不在市场，而在我们自己。

大家都承认投资收益和风险是一个共生的关系。要获得高的收益，就不得不承担较高的风险；但并不是承担了较高的风险，就一定可以获得较高的收益。

记得一个故事，但我忘记是从哪里看到的了。这个故事说：

一个消防队员，穿着防火衣，戴着防火帽和防毒面具冲进一个火场，救出一个孩子。老板大大地奖励了他，因为他冒着巨大的风险完成了艰巨的任务。第二次，又是同样的情况，他什么都没穿，没有任何防护，又去救一个孩子，结果也是救到了，但老板狠狠批了他，因为他冒了不必要的风险。

其实，投资何尝不是这样。有些风险是避免不了的，那就得努力去削弱这种风险；而有些风险是完全可以避免的，那就一定要避免。

对于大盘，对于整个市场，咱们是控制不了的，也是预测不了的，那就只能接受这种风险，这就是系统的风险。也只有接受这种风险，才能获得咱们希望得到的收益。这种风险是无法回避的，是必须承受的。

对于各股的涨跌、热点的轮动、基金公司和基金经理个性化的风险，咱们可以通过长期投资和分散化投资去削弱和降低它们。这种风险是可以想办法规避的。

而对于预测市场、波段操作甚至盲目抢购新基金，我认为这些是额外的风险，是完全可以避免的，而且也是应该去避免的。

投资一定不是投机，不是赌博。事实上，职业的赌徒也知道哪些风险是可以规避的，也会去规避。盲目地承担额外的风险，从长期来看，一定是会“失足”的。

所以，要好好去研究，好好去区分这些风险。

虽然说股市是不可预测的，而且过去的数据也不代表未来；但过去的数据多少还有点参考价值，尤其是各个国家的情况，也许对中国的市场还有点借鉴作用，至少也有点感性的认识。

首先来看中国的数据。如图 4-4 所示，上证指数是中国证券市场上历史最长的一个指数系列，从 20 世纪 90 年代初开始，至今已经有近 30 年的历史。

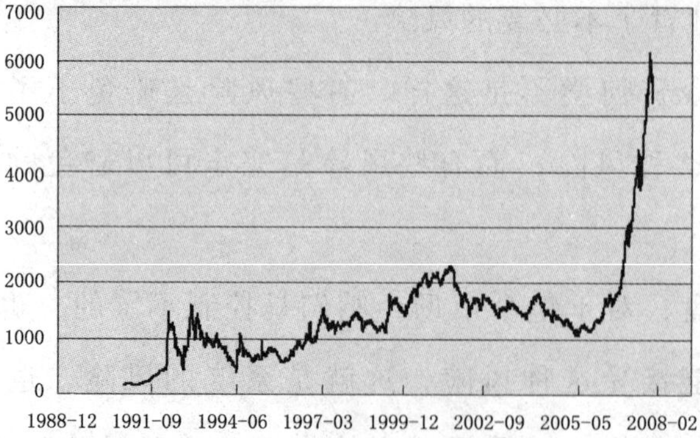

图 4-4　1988—2008 年上证指数走势

2007 年，我国的股票市场处在一个前所未有的牛市时期，但也可以清楚地看到，股市并不是只涨不跌的。前一个高峰是在 2001 年的 2245 点，而到了 2005 年 6 月 6 日，盘中跌到 998 点，跌掉了一半多。

美国证券市场是全球历史最为悠久的市场，我们来看看其过去 50 多年的数据（见图 4-5）。

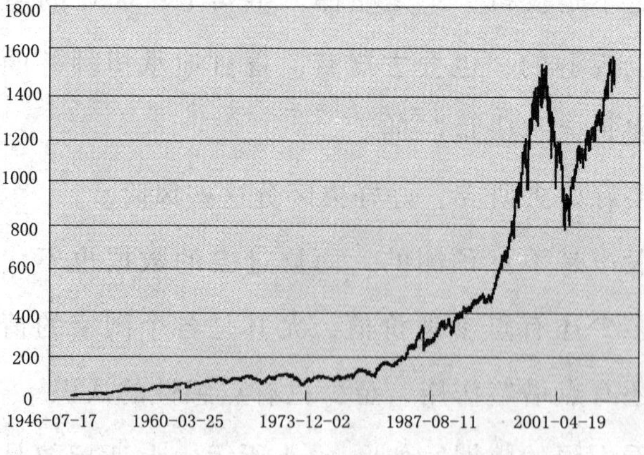

图 4-5　1946—2001 年美国股市 50 多年的走势

证券市场的发展的确是长期向上的，毕竟经济在不断向前发展，但问题是美国市场在 2000 年曾经达到一个高峰，但随之而来的是暴跌，到 2003 年几乎跌去涨幅的一半，然后又花了 4 年的时间才恢复过来。

我们还可以列举很多数据，都表明了一点，长期市场是向上的；但当市场过于疯狂时，产生的股市泡沫最终是会破裂的。也就是说，一旦泡沫破灭，3～5 年甚至更长时间的震荡是不可避免的。

再回到中国的股市，自 2005 年 5 月以来涨势已经持续了 2 年多的时间，还能持续多久恐怕没有人能看得清。但大家一定要记住，没有只涨不跌的股市。所以，如果当时有投资者问我，2007 年还可不可以继续购买基金，我没有办法给出一个具体的建议，但显然短期风险是很大的。

第五章

我的投资实践

2000 年，我在美国购买了人生中第一只基金，从此就踏上了“贼船”。

1. 美国市场的摸爬滚打

我投资基金的历史是从2000年在美国开始的。第一次接触个人理财其实是被朋友“忽悠”的。一次，朋友约我去他们家玩，本以为是PARTY，结果到他那才知道是家庭理财产品推介会，而且有点直销的味道，发展会员，一层一层，等等。

理财产品就是讲共同基金。我对参加他们的销售网络没有兴趣，但知识倒是长了一点，也带了点宣传品回去。后来禁不住朋友的诱惑，也是自己对此还有些兴趣，就踏上了“贼船”。转过头来想想，美国的营销方式和国内也没有什么本质不同，只是当时接触到的是称为“家庭理财顾问”的一种职业。

我的第一只基金是PUTNAM公司的一只免税的政府债券基金。当时希望是一个风险很低的基金，因为第一次接触投资，胆子小啊。这的确是一只风险很低的基金，好像从来没有亏过（插个趣事：你看美国的股票网站，绿色是涨，红色是跌，正好和咱们相反。看美国的基金走势，希望天天是绿色啊）。这只从来没有亏过的基金，每个月都定期分红，而且还不用上税。好像很好？年收益4%！美国有些小银行的定期也有这个利率啊。

就这样保持了两年，突然，觉得这好像不是好事，不对头啊。我是几乎什么风险都没有承担，但是也没有得到什么好处。为什么不稍微承担点风险，去得到点利益呢？

于是，我就去PUTNAM公司的网站看。PUTNAM是美国一家有

80年历史的投资公司，光各种基金就有上百种（美国好像一共有上万种共同基金）。那时候才开始认真接触基金。不瞒你说，你想第一次接触基金的时候，看那些名词就够受的，但还是中文的，可我得去看英文的说明啊。一下就知道什么叫丈二和尚了。可是为了赚钱，就有动力啊。

第一件事情是要搞清楚有没有任何隐藏的费用，然后就是怎么买，怎么卖。因为我不想通过那些中介了（其实，中介也不从我这里拿钱，我只是不想让他们干预我独立的思考），所以全部得靠自己。慢慢搞清楚了，就开始选择基金。美国好像很少有混合式基金，要么是股票，要么是债券，但分类特别细。有根据企业规模的，有根据行业的，有根据地域的。开始的时候也不知道什么资产组合，就选收益最高的基金。结果选了一只能源基金，实际上是石油类的，包括美孚、壳牌等公司的股票；两只国际投资基金（一个投资大盘股，一个投资中盘股）。其实，好多东西都是我后来才搞明白的，这三只基金都是风险最大的基金品种，即所谓的热门基金。这的确花了我很多时间，由于知识、能力有限。

持有石油基金的时候特别有意思。也许石油涨价只影响到你的汽车的油费，对我可是大大的不同。世界油价和我的基金净值有密切的关系，结果我就得去关心中东的政治局势；关心中国的经济形势，因为中国是世界原油第二大进口国；关心美国南部的飓风，因为得克萨斯是美国的石油基地；关心美国冬季会不会是暖冬，因为如果冬天暖，取暖用的油就会少；等等。当世界顶级公司的股东也不好过啊！

持有国际股票就得关注从拉丁美洲到朝鲜的形势。拉美股市直到 2007 年还是世界上最火爆的市场，而朝鲜的局势直接影响日本这个曾经的世界第二大股市。那时，我要看的大盘涵盖了从纽约到伦敦等地的市场，然后到德国，再到日本，真正感觉到俺是世界公民。

可以想象，单买行业基金和国际基金显然是风险很大的。虽然净值起起伏伏，好在最后倒是没有亏钱。但意识到这种风险，就开始更多地学习与基金有关的知识。上得最多的就是美国的晨星网站。里面的"投资教室"（http://www.morningstar.com/Cover/Classroom.html）上面的 4 部教材（股票、债券、基金和投资组合）、172 篇独立文章、800 多道习题，全部让我翻了几遍，后来还让我全部从网站上抠出来，打印装订，成了我的投资宝典。

经过学习，显然就得改变策略。首先，我和 PUTNAM 公司拜拜了，虽然是 80 年历史的公司，可它的基金大部分都是三星、二星。理论上，是可以哪个公司的基金都买点，但从操作方便和品牌效应考虑，最后我基本上是投向先锋公司了。先锋公司和富达公司是美国的两大基金巨头公司（林奇就是富达的一个基金经理）。

现在我的基金组合基本上是个合理的组合。核心是由 3 只美国市场基金组成，一个是中盘平衡型基金，一个是大盘成长基金，一个是大盘价值基金；另外，拥有 25% 的国际基金，包括 12% 的新兴市场基金（如拉美、俄国、东亚等），还有一支卫生健康业基金。

晨星网在美国也很权威，它给每只基金甚至股票分等级、评论等，我还特喜欢它的 X-ray（X 射线）功能。你把你的基金组合输入进去，包括你投入的资金，它会根据现在的净值和每个基金的持股情况，归算出你的大盘成长股、大盘平衡、大盘价值、中盘、小盘各占多少比例；也就是我的基金组合在整个晨星投资风格箱中各个位置的比例；还有美国股票占多少，国际股票占多少，甚至每只股票占的比例（因为会交叉持股）。这样，你对你整个基金组合的总体情况就非常清楚了。

我那时可是美国几乎所有大公司的股东，从微软到IBM，从辉瑞药厂到通用汽车，从波音到沃尔玛，都有股份。当然，还有世界上其他公司，如丰田、沃尔沃。

2007年的总体收益和我预想的差不多，也就是10%多点。该组合的起伏显然比中国基金组合的起伏要小得多，偶然能到1%，一般都是0.5%的日起伏；而国内的基金，1%的波动很常见，3%的也经常可以看到。但从2006年5月开始，该组合经历了一个大的起伏，大概有10%，2007年已经回升了。这次主要是由于美国连续提高利率造成的，现在利率基本稳定下来，股市也就回升了。

我现在可好，白天可以看中国的大盘，晚上9：30以后就可以看纽约的大盘，早上起来再看看美国基金的涨跌，然后上班。

我现在可是真希望世界和平，世界经济持续发展。

2. 国内市场的苦辣酸甜

2004年，我从美国回到国内，也看到很多银行里有基金销售的广告。但一直没有动这个脑筋，而且偶然看看宣传广告也有很多东西看不懂，如申购费、赎回费等。虽然在美国已经有了投资经历，但很多东西都不一样。要搞明白，几乎是从头再来。

2006年初，我开始认真考虑在国内投资的问题。其实，当时似乎并没有意识到我在美国买的基金就是一种投资。起因是由于女儿又收了一些压岁钱，把压岁钱老放在抽屉里面好像是件很愚蠢的事情，于是我就开始动脑筋投资。我几乎花了一整天去周围的各个银行逛，中行、工行、建行、交行都逛了，不停地和银行的客户经理去谈。这样，我就走上了购买基金的道路。

在这里，介绍一下我的基金买入卖出策略和实践。

首先，必须明确地说，这只是我的买入卖出策略，不是你的，而且丝毫没有任何把我的策略推销的意思。你看这篇文章，就当是知道有人怎么做而已，并没有任何建议和指导的意思。

这是当时情况下的策略，是有了较多盈余的情况下的策略。自己的事情，还得自己做主。

先说买入策略。

我喜欢定投，现在依然在定投。定投在两只基金上，一个是易方达策略基金，一个是易方达积极基金。之所以在两只基金上，完全是为了把这两笔钱分开：一个是为了给女儿以后接受教育用，一个是为了自己养老，目标都是 15 ～ 20 年。易方达基金 2007 年的情况起起伏伏，但我倒不是很介意：一来是定投，净值涨不上去也没有什么，正好多买点份额；二来，对半年以下的业绩，也没有太大的兴趣。对于定投，我的观点很明确：非常喜欢。净值涨了，满足了短期利益；净值跌了，满足了长期利益。似乎怎么都不吃亏。

我是把每个月的部分结余用来定投的。偶然发点横财又决定放在基金里面时，我会进行一次性的投资，或者说在很短的时间范围内快速投资。我不会把这些钱分到每个月的定投里面。我喜欢纪律性，不喜欢做波段，也不会预测市场。我崇尚自制而不是自信，崇尚“不求有功，但求无过”。所以，我的策略是“不求最低，只求平均”。如果资金量小，我会随时投入，钱到就投，不太理会大盘的情况，择日不如撞日。如果资金量稍微大点，我会做个一个月的定投，每星期投两次，从而得到一个时间跨度为 1 个月的平均效应。

之所以这样做，我有几个认识：①股市大部分时候是上涨的（这也是看历史数据，美国股市 70%的时候是上涨的），所以越早投入越好。②中国股市的波动频率很快，一个月以上的波动周期，我也就认为是“长期”现象，只要能平滑掉短期的波动也就知足了。③给自己制定纪律，不要在贪婪和恐惧中煎熬。

核心还是一个理念：不预测市场。

如果市场风险实在很大，我会选择一个稳健的平衡型基金；如果市场下跌，就转换到激进的股票型基金。

要说明的一点是，所谓长期投资并不是指长期抱着一只基金不放。我认为，长期投资是指不以做波段为目的，通过卖高买低来投机赚钱，而是通过整个市场的增长来实现一个长远的目标。也就是，我认为当你发现你所持有的基金出现问题时，你转换成另外一只（货币基金除外），这同样是长期持有策略。在长期持有的思想下，这种转换是不需要考虑大盘的涨跌的。在高点，你抛出这只基金，同样在高点进入另外一只基金；或者在低点抛，低点进。这都和大盘表现基本无关。这种转换，我不认为和长期持有相矛盾。

不算货币基金（把货币基金等同于储蓄），从 2006 年春节前后进场到 2007 年一直保留的基金也就 4 只了，广发小盘基金、上投优势基金、易方达策略基金和富国天益基金，彻底抛弃了大成债券基金、银河收益基金、合丰成长基金和华安宝利基金。对它们的持有期限都很短，基本没有超过 3 个月。

卖出这几只基金绝不是做波段或者认为它们的表现不好。

在 2006 年初的时候，开始搭建我的投资组合，债券只占了一部分。由于当时是在交通银行开户的，就选择了大成债券基金，当时的晨星是四星；华安宝利和银河收益两只配置型基金，都是五星；合丰成长基金是股票型，它是 2005 年的冠军，当然也是五星基金。到 4 月份，调整了整个投资思路，开始走激进的股票基金投资路线，首先就把大成债券基金转换成了上投阿尔法基金。

其次，当时合丰成长基金变成了泰达成长基金，整个湘财荷银基金公司的股东发生了根本性的变化，公司和基金的名字都变更了。我不喜欢这种大的变化，认为这种变化会给它下面的基金管理带来很大的动荡，所谓一朝天子一朝臣，所以就将合丰成长转换成易方达积极基金。而实际上，泰达成长基金以后业绩下滑得很快，也从 3 月的五星基金跌到 11 月的一星，业绩排名也从 2005 年的冠军跌到 2006 年 12 月的 60 ～ 70 位。

银河收益基金的申购其实就是一个错误，我购买时并没有对它做太多的研究，但从一季报上发现了它的总资产只有6000多万元。我记得好像是如果一个基金的总资产不到5000万元就要关门了，所以立刻把它抛弃。它在2月还是五星基金，到9月只有一星，虽然资产回到2亿多元，但我想我当时抛弃它的做法非常正确。

卖掉华安宝利基金则完全是嫌我持有的基金太多了，想集中在广发基金公司和上投摩根基金公司上，所以就把它们转换过去了。

2006—2007年10月，中国市场是一个罕见的大牛市，但即使牛市中也有很多次调整震荡，10%左右跌幅的调整在这不到两年的时间里其实已经有过很多次了。

2006年6月5日—6月14日，8个交易日，沪深300从1403点跌到1284点，跌幅8.5%。

2006年7月3日—8月7日，26个交易日，沪深300从1420点跌到1224点，跌幅13.8%。

2007年1月29日—2月5日，6个交易日，沪深300从2577点跌到2272点，跌幅11.8%。

2007年2月26日—2月27日，2个交易日，沪深300从2707点跌到2457点，跌幅9.2%。

2007年5月29日—6月4日，5个交易日，沪深300从4168点跌到3511点，跌幅15.8%。

2007年6月19日—7月5日，13个交易日，沪深300从4253点跌到3537点，跌幅16.8%。

在这些震荡中，我没有抛出任何一只基金，就看着潮起潮落，自己的资产像坐过山车一样上上下下。

这两年中，我是有调仓，尤其是在有新资金进入的时候，但一直采用投资组合和再平衡理论来控制我的投资风险。短期市场会向哪里发展没有人知道，但长期持有的策略是不会改变的。

卖出策略的总结：

（1）如果我的投资目标变了，我肯定要改变投资组合。例如，当我越接近退休时，我的投资组合就会越稳健。

（2）如果基金公司发生变化，例如，像合丰成长基金那样时，会考虑卖出基金。如果单是基金经理发生变化，会抱着静观的态度。中国的基金大多数是采用集体作战的形式，经理是很重要的一环，但不是唯一的一环。

（3）如果发现犯了错误，会立刻改正错误。银河收益基金的购买就是一个错误，我应该先去看它的季报再买。其实，2005 年底，它已经只有不到 1 亿元的资产了。我被那个五星哄了。如果错了，即便是亏了，也不会等它赚回来再卖掉。一定会立刻卖掉，转换到另外一只基金，无论是亏还是赚，越快越好。

（4）在购买的时候，我选择的基金都是四或五星的。但如果一只基金跌到三星连续 3 个月以上，我会给它非常多的关注；如果持续 6 个月，我也许就要给它黄牌或者红牌了。晨星评级是一个相对评级，它不是由大盘决定的，而是在同类中相互比较的结果，这非常有意义。

（5）我不会因为基金的绝对涨跌幅度来决定买卖，也不设置一个止损线。因为行情涨跌很多是由大盘决定的，我更看重相对评价，而不是绝对的收益。

（6）如果一只基金出现问题，我会去选择一个替代品，把它转换过去。这种转换不会受大盘的影响，因为不是追逐波段操作。

核心还是一个理念：不预测市场，主要看基金公司的基本面。

2007年，我投资组合的核心包括广发小盘基金、上投阿尔法基金和上投中国优势基金。广发策略优选基金和富国天益基金组成了我的非核心部分。另外，还通过网上直销定投易方达策略和广发策略优选。

我信奉长期投资理念，而且也要长期投资。无论是在美国的投资还是在中国国内的投资，我都计划持有至少15年以上，这是我整个基金投资的基础。

第六章

博客日志节选

一篇篇的博客日志，见证了我在基金投资之路上的成长。

1. 咱们该喜欢牛市还是熊市

背景：本文写于2006年11月13日，当时市场持续上涨。

有一个话题，我一直不敢说，因为我也不敢说我是否想清楚了：到底咱们指望股市跌还是股市涨？到底喜欢牛市还是熊市？

我曾写过一篇“希望你组合里面的基金一起涨吗？”其基本观点是说，组合里面的基金如果同涨，就很可能同跌，因为这说明是集中持股，这种组合就分散不了风险。我在搜狐论坛上也发了这个帖子，得到的最后一个回帖是：“胡说八道，哪个人不希望自己的组合都涨？标新立异也要有个度！”

如果说，喜欢熊市，股市涨对我们未必有好处！那岂不是要被吃了？

我承认，我也喜欢股市涨，可看了好多书后，大师们却告诉我“你应该喜欢股市跌”。

《投资艺术》中是这样说的：

“问题：如果你可以选择，你喜欢哪种情形？

选择一：股价大涨，而且保持高档多年。

选择二：股价大跌，而且保持低档多年。

不看未来，你会选择哪一个？如果你选择第一个答案，你和接受这个小测验的90%专业投资人相同，大多数专家和你一样，会让你欣慰吗？你不应该欣慰，以下说明原因：除非你长期站在股票的卖方，如果你选择第一个答案，就是违背自己的利益。”

其实不止这本书这样说，在巴菲特、林奇的书里面都有这种说法，他们都说他们喜欢熊市。他们都举了一个类似的例子：你是卖牛奶的，那你买母牛的时候，是希望价格高还是价格低？或者你要买大衣，你喜欢它的价格高还是低？换句话说，你现在买股票是为了以后卖出，那你买的时候是希望股票价格低还是高呢？

是啊，这么一说，当然希望买的时候价格低啊，也就是我们希望当时是一个熊市，是一个下跌的股市。

可这也太夸张了吧？万一跌下去起不来了怎么办？万一永远都是熊市怎么办？只有上涨的股市才让我们踏实。我们希望在牛市里面买股票，而且股票越来越牛，永远都跌不回来。

可股票会永远上涨吗？永远都是牛市而没有熊市吗？这种希望和担心与永远都是熊市一样都是不现实的。

那也许你会说，我都把钱投进去了，现在如果跌了，我不就是亏了？是的，这肯定。但你相信你现在的投资是你这辈子的最后一笔投资吗？不，我相信咱们走上这条路，就一定会走下去，或者说越陷越深，越投越多。因为我相信我们的日子会越来越好，钱会越来越多。

好了，既然我们还要投资，你是希望在牛市里面投资还是熊市里面投资？你是希望买打折的股票还是希望买加价的股票？

定下心去想，好像上面说得很有道理。可是我要让你喜欢熊市，这简直是岂有此理！

老实说，我也喜欢牛市，我也还没有完全接受这个观点去喜欢熊市。但我恐怕接受了一点：也许熊市对咱们来说并不一定是坏事情。或者说，我喜欢牛市，但也不讨厌熊市。

我曾经对一个朋友说过，对于定投来讲，股市现在上涨，是满足你的当前利益；股市下跌，是满足你的长远利益。你永远都不亏！

2. 给别人点时间吧

背景：本文写于2006年11月18日。

出差回来，打开计算机。我乐了。

到处都红彤彤的，当然乐。可更乐的是天益、易策和易积极。这3只，就3天，涨了6%。

其实乐的也不是这6%，而是出差之前，“陈戈请出来讲句话”还在搜狐论坛置顶，而且是精华和版主推荐。而不久前易方达简直就是垃圾的代称了，我都不好意思说我持有易家兄弟。

风水轮流转。这回大家可体会到了吧。

很多人在等大盘调整，然后加仓。这肯定是好想法（能不能跌就不知道了），追涨杀跌肯定不如高抛低吸。可好多人在一只基金表现不好的时候，毅然弃它而去，另谋高就；而等一只基金开始疯涨的时候，就来套近乎。这岂不是和追涨杀跌一个道理？

投资可是考验耐心啊。见异思迁，在哪都不灵。

还是那个比喻，说买基金有点像在火车站排队买票，排在哪个窗口都可以，但都有人排队，有快有慢。不过如果你在不同的队伍之间跳来跳去，最后肯定没有好结果。在一个队中至少得排一段时间。

3. 在美投资对我投资观的影响

背景：本文写于2006年12月13日，是自己投资的一点心得。

有朋友问我："你买国内的基金也不到一年，为什么会有这么多的想法？"

自己想想，除了喜欢多看点书，多想想，另外一个关键问题是我在美国的投资经历帮了我很大的忙。

从技术层面上看，首先没有什么"恐高症"一说。老实说，我买美国基金的时候，就没有关心过当时的净值。因为它们的净值差别太大，从不到10美元到100多美元。市场是这个样子，当然也就不会盯着低净值的；而且，我到现在都没有搞清楚它们是不是有统一的基金发行价格。其次，我很早就知道晨星网，当时对晨星的排名就很感兴趣。美国晨星评级，要成立3年以上的基金才有资格参加，而且还有5年、10年的排名。这样，人们对新发行的基金自然就没有兴趣。再有，按照林奇的说法，人们"宁愿承认是一个瘾君子，也不愿承认是一个短期投资者"。长期投资在美国是一个深入人心的概念。

从市场的角度看，我们说美国市场是一个比较成熟的市场。1999年，我刚刚到美国的时候，几乎所有的人都在谈论股票，那是一个市场热火朝天的时期，每个投资人似乎都在赚钱，只要是股票就涨。但大家要知道，美国市场的恐怖之处也是大家难以想象的。不说20世纪30年代的股灾，1987年的崩盘，两天之内大盘就跌了

35%，就连林奇控制的基金，一天的损失就是 18%。2000—2003 年，NASDQ 指数从 5000 点跌到 1000 点。而且，咱们中国人，恐怕都不知道什么叫经济衰退。不停地听说有朋友失业，因为有大量的公司倒闭；不停地看见到处有大房子在出售，因为房主没有钱支付按揭；关门的商店随处可见，就连大商店前面停车场里的车也稀稀拉拉的；再加上“9·11”：这就是经济衰退。美国的股票市场和经济情况结合得很紧密，我想这也是一种有效市场的表现。

但美国市场的成熟更表现在经济衰退时候人的心态上，似乎更多的人已经习惯了这种周期性的衰退，大家似乎也知道情况会好起来的，应该说并不是那么恐慌。我想这也是长期投资理念的一个表现吧。

经历了这些，我不成熟也得成熟。所以，我会反复强调风险和长期投资。风险是必然的，也只有长期投资才能降低这些风险。预测市场绝对不是好主意。

所以，别贪心。不要认为你现在账上的钱，就是到你口袋里面的钱。这在英语里面叫“Paper Money”，纸面上的钱啊。我们要关心的是 20 年后到底有多少钱，而不是现在。

4. 我如何评价投资组合

背景：本文写于2006年12月14日。

承蒙大家厚爱，经常有朋友邀请我评价他们的投资组合。说老实话，这并不容易，因为每个人的情况相差太多。非要我来评价组合的话，我采用的方式基本是这样的：

首先，我一定要问两个问题：①你的投资期是多长？②你的投资风险承受能力得分是多少？

投资期决定了你的投资组合应该是激进的，还是平稳的。我认为，如果是20年以上的投资计划，如为养老做准备，那可以是很激进的组合。如果是为孩子的教育，也许10～15年，那我觉得债券投资就要有一部分，如20%左右。如果在5年以下，那债券的部分就应该在50%左右；而如果是3年以下，那债券就应占更大的比重；1年以下，就只建议投资货币基金了。

心理承受能力决定了你对短期波动的看法。在我的测试题目里面，根据得分，已经有了评价。如果你的心理承受能力和投资期匹配，那最好。如果心理承受能力支撑不起投资期的跨度，那我建议还是先按照你的心理能力去配置你的组合；当你熟悉了整个市场，再提高你组合的激进程度，这样，你就可以得到你最好的收益。

上面是第一步要定的，这非常关键。第二步就容易了。

然后，再考虑选什么样的基金。我推荐的是晨星五星基金，这是专业评估过的，还有什么不推荐的理由？对新基金，我的态度是很明朗的：看不清！这样，你就容易去定你的组合了。当然，也就不用来问我啦。呵呵。

最后才是考虑是一次性投资还是定投。这三步就是我一直提倡的买基“三步曲”。

单单说“我是长期投资，风险能力中等”，这话就比较空洞。每个人对长期的理解是不一样的，对风险的判断也是不一样的。

5. 别难为“专家”了

背景：本文写于2006年12月15日，市场节节高涨。

市场蒸蒸日上，至少过去这段时间是这样。

持仓的朋友先是喜笑颜开，晚上不停地看哪个网站的净值先出来，想知道自己赚了多少钱。但转过头去，却又不知道明天是进还是退。空仓的比较郁闷，看着别人回家数钱，心里肯定不爽；但你让他加仓，他也不敢，怕今天加了，明天股市就跌。所以，大家做得最多的事情就是到处打听小道消息，或者咨询、倾听“专家”对大盘的预测。

我要说的是，“专家”的预测能听吗？我的意见是，还是别听吧！

股市或者基市里面有“预测专家”吗？显然没有！大盘一直在涨，现在无论是在哪个论坛，前段时间看空的“专家”几乎成了过街老鼠。其实这也不必，股市的风险是存在的，是时刻存在的，只是没有任何人知道“灾难”到底什么时候降临。其实，在熊市的时候，看多的“专家”的命运也比这好不了多少。核心的一点还是，市场是不可预测的。

昨天看林奇的书，他说在任何时候都有很多人看空，而且可以找到各种各样的理由，包括南极的臭氧、北极的冰山……可见这是一个全世界市场有共性的东西。看空的人至少可以解释成为大家考虑风险，但看多的人则会有把大家往赔钱的路上引的嫌疑。所以，更多的“专家”愿意看空，至少是对大家负责。

其实，预测市场的专家都不会得到什么好的评价。因为，预测市场其实比抛银币好不了多少。一半的人预测涨，一半的人预测跌，总有人预测对。有一个经典故事：

假设让全美国人来一个猜硬币正反面大赛。第一次，会淘汰一半的人；第二次，又会淘汰另外一半。如此下去许多次，最后只剩下 10 来个人。这 10 来个人居然许多次都猜对了。哈哈，这 10 来个人就成了“专家”，于是他们开始写书说“我是怎么猜对硬币的”，然后在全国巡回讲演。

可是大家都知道，下一次，他们能猜对吗？

其实大家知道，“专家”的话也不可信。但因自己心里没有底，只好去询问“专家”，好像找到了一个“靠山”。其实，问“专家”真的也不比问你自己好多少。“专家”可能有些经验，但要去预测市场，他们也是没有谱的。

别难为“专家”了，更别难为你自己。明天的涨跌只有上帝知道！

6. 如果气球爆了，你受得了吗

背景：本文写于2006年12月26日。从2006年8月以来，整个股市已经上涨了很多。

气球越来越大，谁都不知道是不是马上就要过了极限，就要“嘣”的一声灰飞烟灭。不知道，恐怕也没有人能知道。不过，我想现在恐怕是得好好考虑一下万一气球明天真的爆了，咱们受得了吗？

这有两个方面的含义。

一是经济上你受得了吗？

我知道有些朋友的投资期其实很短，甚至下了很大的赌注想去捞一把，如明年要结婚，或者要买房子，等等。那我建议这种投机性投资到此为止吧，你实际上是承受不了亏损的。基金可不是只赚不赔的东西，既然已经赚了，见好就收。

还有一些朋友，他们几乎把家里所有的存款都拿来买了基金，建议现在赶快去转换你的思路，把该存起来的钱还是送回银行去。投资的部分一定是你的闲钱，别把身家性命都垫上。

二是心理上你承受得了吗？

你是一个长期投资者，你也只是拿出一部分来投资。也就是说，短时的涨跌对你的生活不会有根本性的打击，那你主要面临的问题将是心理上的。我一直推荐大家做“投资风险承受能力测试”（中国基金网上就有一个，http：//www.cnfund.cn/tz/risk.asp），现在更推荐大家再去做一遍。一定要记住的是：千万别和自己过不去！你能承受的和你觉得应该能承受的是两回事。希望自己能坚持长期投资的理念，但千万别有意按照你认可的“标准答案”去做这个测试。好好搞清楚你的风险承受能力，并按照这个能力去组合现在的资产。稳健并不丢人！如果现在的组合超过了你的心理承受能力，恐怕也是修正的时候了。

最后还是一个问题：如果气球爆了，你将面临什么样的灾难呢？这就是底线。如果考虑清楚了这个底线，晚上也自然能睡着觉了。

现在是跑也好，转换也好，甚至加仓也好，终归有一点：要清楚自己在干什么，风险在哪里，可能的收益在哪里。只要权衡了，就是正确地选择事情，就是做有道理的事情，也就不会遗憾，不会后悔了。

相信自己的判断吧。

7. 明年准备买只“瘟鸡”

背景：本文写于2006年12月29日。

2006年，想必大家都很高兴。我当然也很高兴，收益远远超过年初的预期。同时，2006年也给了我很多心得，尤其是对中国股市。一句话，什么事情都是有可能的。

2007年，我还会坚持长期投资的想法，不离开市场，无论其是涨还是跌。但我还会做另外一件事情，一个新的投资方法：买只“瘟鸡”。

其实这个想法也不是我发明的，在我的投资宝典——美国晨星的“投资教室”里面有一节内容叫投资“Unloved”基金。也就是说，拿出点钱来购买点冷门的、不被看好的基金。其思路是基于市场是轮动的，今年的冷门也许就是明年的热门。在冷门的时候，其净值一般都相对较低，那是一个买入的好机会，可实现低吸高抛的愿望。

我的策略大概会是这样，因为还没有开始，所以只是讲一个思路。

我会投入很小的一部分资金，大约在总投资的5%以下，是我组合的非核心部分。用可以“娱乐”的部分来做这件事情。当然，这种策略的危险性也是很大的，所以不能作为核心策略。

“瘟鸡”当然不能是“病鸡”，真正要寻找的是那种“冬眠”的“鸡”，那种正在养精蓄锐的“鸡”。

选择一个以前业绩很好但近期情况不妙的基金来投。当然，这个基金背后的公司也是我所喜爱的。首先要去参考晨星每个星期发布的业绩排名，寻找那些近 3 个月排名明显低于一年排名的基金，而且差距越大越好，但当然不是我正在持有的基金，我持有的基金一般是不会动的。然后，购买并持有，等待它排名的上升……

这似乎有点像价值投资，寻找那些被低估的股票。而我是希望寻找那些被“低估”的基金，或者说那些基金经理能力被“低估”的基金。

其实，今年的两个例子给了我很大的启示。一个是易方达策略，几个月前它曾经被骂得狗血淋头，短期排位 60 名以后。可现在呢，3 个月的排名在头几名。另一个是富国天益，在搜狐“基金天下”的人还记不记得那个“请陈戈站出来说句话”的置顶帖？那现在呢？

这两个例子给我的启示是：金子终归是要闪光的！呵呵。当然，一定要是一个好基金公司下面的好基金。曾经看到过一句话：好基金公司为了它们的声誉，也不能容忍坏基金。

最近我就在寻找这样的基金，在看哪些基金被骂得最多。这是件高风险的事，而且得有耐心。

8. 我的基金投资心得

背景：本文发表在《证券市场周刊》2007 年第 1 期。

2006 年，轰轰烈烈的基金狂潮在上证指数历史新高 2675 点时落下帷幕。开放式股票型基金最高的年收益率达到了 160%，最低的也超过了 50%，平均增长 100%以上。疯狂的一年！

回眸 2006 年，我想无论是最后加入的新人，还是年初投资的老手，都会感慨万千。沾沾自喜的有，捶胸顿足的有，但唯有荣辱不惊者恐怕才是真正的“笑到最后的人”。

开放式基金投资其实是很简单的事情，无须任何高深的理论和雄厚的数理基础，因为它本来就是给普普通通的老百姓设计的投资渠道。

那么，基金投资的成功之道在哪里呢？我想答案永远只有一个：态度！

基金投资是涉及成千上万元资金的事情，而这些钱恐怕都是咱们一点一滴、省吃俭用的积蓄。如果在这上面都不愿意端正态度，那能指望什么样的回报呢？

无论 2006 年如何，2007 年又会怎样，我的经验和观念告诉我的还有：努力学习知识，充分了解自己，仔细选择产品，稳健实施投资，平和看待涨跌。

知识就是力量，这是颠扑不破的真理。基金投资，尤其是开放式基金投资的知识实在不是难以掌握的事情。我想，咱们在初中学过的知识就足够覆盖它的全部内容。只要咱们花一点点时间去了解基金公司是如何操作的，什么是净值和分红，什么是投资组合和分散投资，怎么规避风险，那咱们就不会陷入“净值恐高症”，也不会去抢购新基金，更不会被收益的起伏吓破了胆。这些知识在任何一本有关基金的书上或者网站上都可以找到，咱们唯一要做的就是学习。

投资是自己的事情，也只有自己才知道自己的投资目标和风险承受能力。赚了、亏了，只有自己能承受。任何投资都是有风险的，没有那种包赚不赔的事情（除了货币基金和保本基金）。想要获得理想的收益，就得承受相应的风险。而什么样的风险咱们能扛得住，只有自己知道。基金投资，投资期越长，风险越小，这是被历史事实证明了的。所以，每个投资人都必须清楚自己的情况。找个“专家”说上一句：“给我推荐一只基金吧。”或者问：“我该买哪只基金?”希望“专家”能给你答案，显然是很幼稚的想法啊。了解了自己的需求，才能明确咱们该往哪里走。咱们的基金只能咱们自己做主。

随着基金业的发展，咱们国家的基金品种之多也已经让人眼花缭乱了。它们不但风格迥异，业绩也是大相径庭。从网上看到一条消息，从银行拿到一个宣传单，或者听听“好心”的“推销员”的讲解，甚至某个“专家”的预测，就去购买一只基金，一定是很轻率的举动。好在有那些著名的第三方公司对基金的评价做参考，如晨星。多去研究这些统计资料对咱们会有非常大的帮助。不要去追赶“时髦”，不要去随“大流”，认认真真地研究基金和基金公司，按照自己的投资策略对比它们，选择它们。即便是错了，也能知道错在哪里。

市场是不可预测的，这是一个真理。想去和市场博弈，恐怕输的大半是自己。一定要记住，波段操作是非常愚蠢的办法，基金不是用来“炒”的，也是不能用来“玩”的。中国人说“小不忍则乱大谋”，而投资大师巴菲特则说，“相比做出非凡的决策，投资更重要的是避免愚蠢的决定”。我喜爱定投方式，定投的妙处就在于有效地克服了我们的贪婪和恐惧。千万不要去预测市场。抱紧你的投资组合，无论是牛还是熊，都不为所动。看看基金论坛上那些 2006 年投资失误的朋友，一大半都是试图去做一个“英明决策”。

市场是很欺负人的，它不停地用涨跌来诱惑我们，考验我们，让我们心慌意乱、心猿意马。真心地劝所有的基友一句：别去盯着那个红红绿绿的大盘走势，别去看那个高高低低的净值。投资不是生活的目的，更不是生活的全部。当每天都在计算机前面坐立不安地等待当日净值显示的时候，我们恐怕已经离投资本来的意义越来越远了。记住一点，基金投资从长期来讲只是 10% ～15%的平均年回报，年年都翻番那只是幻想。如果咱们能做到一个月，甚至一个季度，才来关心一下自己的投资，那咱们的心态会平和很多。

2007 年会是什么样的，谁都不会知道。记得去年初基金经理和经济学家们还搞不清 2006 年会是熊市还是牛市的开始，基民股民们在讨论什么时候上 1300 点；年中的时候，好多人在预测下半年将没有“行情”，2000 点是不可能的事情；年末的时候，则有更多的人在预测什么时候会是 3000 点。

这些预测都没有意义，一点意义都没有。3000 点也好，5000 点也罢，权当是新年的祝福吧。咱们要做的是把自己的投资组合做好，然后坦坦荡荡地享受咱们该享受的生活。涨是必然，跌亦是必然。咱们在投资中会经历牛市，也会经历熊市。但我相信，中国的经济会持续发展，咱们的投资终究会有回报。

9. 理财不是发财

背景：写于2007年1月26日。

前两天看CCTV-2，采访的是一个国家级理财师，很有意思，但不幸的是我忘记了他的名字。其中他说到一句话，让我很有共鸣。

"理财不是发财！"

一般说，基金是一个理财产品，恐怕没有人说基金是一个发财产品，但实际上却有太多的人把基金当成了发财产品。

有多少人带着一夜暴富的思想去买基金？今天买了基金，明天就开始想赚钱，而且指望净值天天向上。有一天如果回调了，不是骂经理就是骂市场，似乎是别人挡了他发财的道。

有多少人是因为看着别人赚钱而眼热去买基金？别人买基金能赚钱，我为什么不能？他能发财，我也能。其实，天天比较业绩，天天"数米"就是在比谁发财的速度快；而且，如果发财的速度比别人慢，就要大骂经理在吃干饭。

有多少人根本不知道什么是基金，而只是听说这东西可以赚钱就来买的？2006年的大好形势让很多基友赚了钱，结果就变成了买基金就可以赚钱的谎言。管他基金是干什么的，只要能赚钱发财就行！

上帝是公平的，它不会给咱们免费的午餐。如果我们想投机取巧，上帝一定会用某种方式来惩罚我们的。

基金是用来理财的，是打理你的钱财，让它使用得更合理。基金绝对不是用来发财的，不会让你一夜暴富。这是很简单的道理。但很多人却是抱着侥幸心理，或者抱着赌博心理去买基金，而这种侥幸和赌博就是“基金能发财”。

华尔街有句话：“牛也赚钱，熊也赚钱，只有没脑子的猪会被屠宰！”

这话有点难听，可咱们是得想想，咱们会被屠宰吗？咱们是那个没脑子的家伙吗？如果指望基金是发财工具，恐怕也就和那东西差不了多少了。

10. 减仓？加仓？还是观望

背景：本文写于2007年2月2日，市场连续快速下跌，太多基民恐慌。

星期五又是大跌的一天，虽然没有31号那么凶险，但依然也是触目惊心。对于经历过2006年7—8月震荡的朋友来讲，或许感觉还不是很恐怖，但对于那以后入市的新基民就真是天要塌下来的感觉啊。

我非常能理解这种不知所措的心情，因为我也曾经有过这样的经历。我第一次在美国市场上遭遇大跌就是一个连续一个半月的熊市，连续的下跌将我前面两年在债券市场上赚的钱全部赔进去还不止。那时不知道是否真的有大熊市正在开始。

现在的状况是，大约去年底以前入市的朋友都还不会亏本，最多是少赚了点，而上个星期入市的朋友可能就有点被动。所以有朋友就觉得让胜利果实白白溜走实在不对，还是应该做波段；有的朋友也准备割肉；当然，还有朋友觉得还是应该长期投资。

先把所谓的各种理念放到一边。没有必要墨守成规，也没有必要为理念而投资。理念是为实际服务的，理念不是信仰。

所以，今天不谈理念，来谈操作。咱们该怎么办呢？是割肉出局，减仓止损？还是逢低吸纳，趁机加仓？还是继续观望，岿然不动？

这真是困难的问题！最困难的在于不知道下个星期情况会怎么

样，而这一点是没有办法知道的。

最容易想到的是赎回，然后等跌够了，再买回来。你说这是做波段也好，止损也好，其实是想战胜大盘，躲过这次灾难。这种操作成立的条件是什么？第一，大盘必须是继续下跌的，至少要比你的卖出点位再跌1%才有意义。如果你准备星期一卖出，那最好的结果是星期一涨，然后星期二开始继续下跌，跌幅越大越好。第二，你得估计出大约什么时候是跌够了。当跌够的时候，你要准备买入。也就是要抓住从熊到牛的变化，这事情其实更难。就看2006年这个大牛市，有几个人"抄了底"？这两个条件都做到我反正是没有把握。

有些事情，恐怕非要自己实践一下才知道。

老实说，我也曾经在美国市场做过一些类似高抛低吸的事情，比如自己觉得风险高，就赎回一部分，或者转换到债券基金去。但最后的结果居然是没有一次做对过，没有一次占到便宜。也许我太笨了。所以，从那以后我就决定什么都不做。坚决不做波段，坚决不预测市场。理念不是空穴来风，经验是由教训叠加出来的。从新手变成老手只有靠血泪培育。

再举个眼前的例子。我在2006年12月26日写过一篇《如果气球爆了，你受得了吗》的文章，当然那只是一篇文章，提醒大家注意风险。老实说，我当时就觉得有风险，而且风险会越来越大。但是如果我在那个时候就赎回，而且坚定地持币观望，情况会是什么样呢？显然，我会踏空1月15%～20%的收益，即便是这两天的大跌也不足以弥补踏空的损失。好在我当时就没有赎回，依然保持我继续持有的策略。

所以，我自己现在还是不会做什么操作，甚至准备开始逐步加仓了。当然，我的操作是和我的具体情况密切联系在一起的。

不过，有个问题大家一定要注意：风险的心理承受能力。如果你的心脏已经承受不了这种巨大的波动，那还是退出吧。至少这说明一件事情，股市的波动不适合你。这不是可耻的事，每个人的情况不一样，为了赚点钱，把身体搭上是最不值得的啊。

从大的方面看，这种下跌对未来市场的发展是有好处的。我依然相信未来是光明的。

条条大路通罗马，怎么操作都有道理。我相信你现在做的选择对你最合适。没有什么普适性的真理可以指导具体的操作，你的基金还是你做主。但是通过这次震荡，大家一定会有新的体会。新基民也就变成了老基民。

大家都知道下面的对联吧。

海水朝朝朝朝朝朝朝落；

浮云长长长长长长长消。

11. 投资心态的基础

背景：写于2007年2月4日，市场几乎下降了10%。

市场上升的时候，大家都非常乐观，好像股市会这样一直涨上去；而市场下跌的时候，大家又很容易恐慌起来，好像市场就会这样一直跌下去。上涨的时候是贪婪，下跌的时候是恐惧。中国的市场是这样，美国的市场其实也是这样。这也许就是人类的共性。

市场上扬的时候，好像没有人去问为什么，似乎市场本来就该这样，人民币升值、GDP增长、奥运会，等等，到处都是利好消息，市场没有道理不上涨；而市场下跌的时候，好像就是有阶级敌人在搞破坏。我更多的是把这种责骂看作是有火没地方发。

为什么到市场震荡起来的时候，咱们的心态也会起起伏伏？其实，大家都知道，上涨是必然，下跌也是必然，否则就不叫股市。我想其中有个原因恐怕还是贪婪，或者说由贪婪引起的赌博心理。

经济基础决定上层建筑，物质决定意识。其实，咱们的投资方式已经决定了咱们的心态。我最早在搜狐“基金天下”论坛写的连载——《我的投资观和实践》的第一篇讲的是“该把多少存款用来投资”，第二篇讲的是“基金投资的风险”。其实，这两篇的核心是必须用闲钱来投资，而且投资期应该足够长。这两点，我认为是投资基金必须遵守的基本准则，是绝对不能违背的。很遗憾，在市场狂热的时候，很多人却忘记了这两点。当你把你所有的钱都投进市场，甚至借钱买基的时候，当你春节以后就要用这笔钱去买房子、结婚的时候，面对市场的下跌，不惊恐也不可能。

朋友说我的心态平和，我想这和我的投资方式很有关系。我始终认为我是很稳健的投资者，我的足够的备用资产是远离股票市场的，而且无论市场多么火爆，也不会把这些资产投入市场中；我也有足够长的投资期，投资目标是养老金和孩子的教育基金。即便选择的是非常激进的股票型基金，我依然认为我是一个稳健的投资者。在这种情况下，我可以努力地坚定我的投资理念，虽然也常常受到贪婪和恐惧的煎熬。但从本质上讲，我知道这种股市的震荡不会从根子上伤害我。

前天发了个帖子“减仓？加仓？还是观望”，现在我要补充的是，如果你恪守了上面两个投资的基本观点，你根本不用恐惧和担忧。但如果不是这样，要么赶快逃跑，要么靠上帝来保佑您。这两个基本准则是咱们永远不能违背的。没有这两个条件，咱们就不该投资基金。

12. 复利和分红

背景：写于 2007 年 2 月 15 日。

最近看到论坛上有讨论复利和分红的问题，我也说说我的看法吧。

要我说，复利只是一种计算方法，是数学上的东西，不是经济学上的东西。复利和分红没有关系，不存在什么分红产生复利的事情。

什么叫复利？复利就是利滚利，只要有利息产生，就把利息计入本金。下次再计利息的时候，就按照新的本金来计算。

比如，咱们算净值的增长率，开始投入 1 万元，第一天如果涨 1%，就收入 100 元，随后计入本金，本金就变成了 1.01 万元。第二天再涨 1%，收入就变成 101 元了。这就是复利计算。其实，咱们每天看大盘增长，计算自己的收益，都是利用到了复利计算的。从数学上看，就是 $(1+x\%\times n)$ 和 $(1+x\%)^n$ 的区别。

复利是做投资时一个非常好的计算方法和对投资情况进行描述的工具。不过，也可以用单利来描述咱们的收益，只是比较麻烦。

举一个实际的例子吧。来看易方达策略本月的情况（见表 6-1）。

表 6-1　易方达策略基金净值数据

截止日期	单位净值（元）	每日增长率（%）	市值（元）
2007-02-14	3.013	1.82	10364.64
2007-02-13	2.959	1.06	10178.88
2007-02-12	2.928	3.54	10072.24

续表

截止日期	单位净值（元）	每日增长率（%）	市值（元）
2007-02-09	2.828	-0.39	9728.24
2007-02-08	2.839	1.28	9766.08
2007-02-07	2.803	1.78	9642.24
2007-02-06	2.754	0.07	9473.68
2007-02-05	2.752	-1.40	9466.80
2007-02-02	2.791	-3.99	9600.96
2007-02-01	2.907		10000.00

如果在2月1日投入1万元，不算申购费，到14日，盈利为364.64元。

对于这个区间，我们可以用3种方式来描述：①10天的总收益为3.6464%（单利描述）；②10天中的平均日收益为0.3987%，按照复利计算方式，最后也是10364.64元（平均复利描述）；③还有一种办法，就是告诉咱们每天的实际收益，也就是表6-1中的第四列。这样，也同样算出来是10364.64元（逐日复利描述）。事实上，基金是不知道咱们用复利还是用单利计算的。咱们最终的收益是364.64元，这才是最根本的。

那为什么通常要用复利来描述投资收益？这是因为方便。咱们可能在不同的日期进入证券市场。你可能在2月1日开始买基金，也可能是在2月5日。用逐日的增长率加上复利计算方式就非常简单。无论你是什么时候进入市场，今天大家都涨相同的比例，比如2%，本金都是按照昨天的情况来计算的。但如果用单利计算，这事情就很麻烦了，因为和进入市场的时间有关系。

所以，我认为复利是一种描述方式。咱们净值的增长是每天计息的，用复利就非常容易表述，大家也习惯用复利表述。

显然复利和分红没有关系。复利也不管利息是正还是负。核心是把利息计入本金再计算，也就是利滚利，这是我们每天都做的事情。不是说什么红利再投资才有复利，更不是说分红是让大家享受复利、没有分红就没有复利。

黄世仁找杨白劳讨债的时候，没有说什么分红的事情啊，还不是利滚利。

13. 推荐中证指数系列

背景：写于2007年2月23日。

搞股票的都要看大盘指数，搞基金的现在也看大盘指数。可通常大家都关心的是上证综合指数（上证指数），偶然也有关心深证成份指数（深圳成指）的。一般说什么要到3000点了，都是指上证指数。可基金和个股有很大的区别：个股是在哪个证券交易所上市，而基金可是常常覆盖了上证和深证的各种股票。显然，单单看上证指数或者深证成指都是不合适的，或者说都不能反映咱们想要知道的情况。咱们需要知道的是一个能反映沪深两市综合情况的综合指数。

非常幸运，现在开始有了中证指数系列。

中证指数系列中现在最著名的是沪深300指数。它基本上是由沪市和深市中市值最大的300只A股组成的。按照我的统计，虽然目前中国有1400只股票，但这最大的300只股票已经占据了整个沪深两市总流通市值的70%；而且，现在也有几只指数基金跟踪这一指数。我个人认为，用沪深300指数来代替上证指数作为基金净值波动的参考应该更合理，因为基金有沪市的，也有深市的。

其实，发布沪深300的中证指数公司（http：//www.csindex.com.cn/）最近开始发布系列“规模”指数，我认为这个指数系列对咱们基民会有非常大的帮助。这有两个原因：①这些指数包括沪深两市；②非常清晰地区分了什么是大盘股、中盘股和小盘股。

（1）中证 100 指数：这是在沪深 300 指数的成份股中选择市值最大的 100 只股票组成的指数。这也是沪深两市 A 股市场市值最大的 100 只股票。这 100 只股票大概覆盖了 A 股流动市值的一半，也就是前 50%部分。这个指数实际上就是 A 股市场的大盘股指数。

（2）中证 200 指数：在沪深 300 中扣除中证 100 剩下的 200 只股票组成的指数。这 200 只股票大概占据了中国 A 股市值的从 50%到 70%部分。中证 200 指数被认为是中盘股指数。

（3）中证 500 指数：这是 A 股中排在沪深 300 以后的 500 只股票组成的指数。这 500 只股票大约构成了 A 股市值的从 70%到 90%部分，被认为是小盘股指数。

（4）中证 700 指数：由中证 200 和中证 500 的成份股共 700 只组成的指数。它占据 A 股市值的从 50%到 90%部分，被认为是中小盘股指数。

（5）中证 800 指数：由中证 100、中证 200、中证 500 共同组成的指数，覆盖 A 股市值的 90%部分，被认为是大中小盘综合指数。

显然，这 5 个指数，再加上沪深 300 指数（大中盘股指数），覆盖了中国 A 股市值的 90%，而且清楚地对大中小盘股进行了分类。

这对咱们投资基金的人就非常方便了。对于大盘基金，那就应该用中证 100 或者沪深 300 来衡量；对于中小盘基金，就应该用中证 200、中证 500 或者中证 700 来衡量。这样，就再也不用上证指数来衡量中小盘基金了。

另外，哪些基金归类为大盘，哪些归类为中小盘也无须各执一词了。

如广发小盘，它定义占累计市值 50%以下的股票是小盘股，那在中证分类中，广发小盘就是在中小盘投资。

按照晨星分类，0 ～ 70%累计市值的是大盘，70% ～ 90%的是中盘；而对应中证分类，晨星的大盘包括了中证的大中盘，晨星的中盘则是中证的小盘。

中证指数，第一给出了分类，第二给出了各个分类的指数。这非常类似于美国的标准普尔指数系列。沪深300也许就是中国的标普500指数。另外，中证还给出了所有这些指数的“全收益”版。一般的指数是不考虑股利的再投资的，而全收益版则包括了股利再分红，所以我觉得全收益版可能对咱们更有意义。

对于喜欢投资组合的基民，这种分类指数就给出了组合的标准和评价组合中基金表现的基准。我想，以后可以不再用上证指数来评价我的组合了。

希望有一天，咱们有分别跟踪这些指数的基金，也就是有大盘指数基金、中盘指数基金和小盘指数基金。这样，咱们用指数基金也就可以搭建一个覆盖大、中、小盘的组合。如果中国市场更为有效，那这就是非常美妙的事情了！

虽然中证指数系列2007年1月15日才开始发布，但我觉得这真是一件激动人心的事情，我们终于有了一整套系列指数。

14. 用中证指数给基金分类

背景：写于2007年2月26日。

以前区分基金是大盘还是中小盘的办法就是通过重仓股来分析，但这个方法有个缺陷，因为咱们的基金一般都是混合型的，大盘基金中都含有一部分小盘股票，小盘基金中含有一些大盘股，所以区分起来就会有些争议。拿到中证指数后，我就想出另外一个办法来分析基金：相关分析。

办法很简单，用这些基金和中证100、中证200和中证500对比，计算统计上的相关系数。看这个基金和谁靠得最近，也就是相关系数最大。如果和中证100的相关系数最大，那就是一个靠大盘的基金；如果和中证200最靠近，当然就是中盘基金。

这事情说起来容易，但做起来很麻烦，尤其是初始数据的整理很麻烦。中证数据是从中证网站上获得的，基金数据是从中国基金网上得到的。净值数据要转换成日增长率数据，要强调的是要单独处理分红日的数据。所有的处理必须在增长率的曲线上进行，单纯的净值或者累计净值数据是没有意义的，也就是要在指数的日增长率和基金的日增长率之间做相关分析。这个分析在EXCEL里面有现成的函数Correl。如果两条曲线完全正相关，那得到的相关系数是1；如果完全不相关，系数就是0。

首先要注意的是，无论是大盘股还是中小盘股，都是在中国证券市场的大环境下的。也就是说，大、中、小盘指数本身就有很大的相关性的。这就是系统的波动，这是咱们无论怎么在大、中、小盘基金中组合都削弱不了的波动。

中证100和中证200的相关系数是0.87，中证100和中证500的相关系数是0.81，而中证200和中证500的相关系数高达0.97。可见，即便是大盘和小盘之间也有80%以上的波动是一致的。那咱们要关心的就是在这80%以外的情况了。

真的花了很长时间才算出几组数据，在此展示给大家（见表6-2）。

表6-2　7只基金和中证指数的相关系数

中证指数	广发小盘	华夏大盘	华安宏利	上投阿尔法	易方达策略	景顺内需
100	0.81	0.79	0.87	0.93	0.88	0.93
200	0.95	0.96	0.94	0.90	0.87	0.82
500	0.93	0.94	0.88	0.81	0.80	0.73

表6-2给出的是中证指数和基金的相关系数，例如，广发小盘和中证100的相关系数是0.81。

从表中可以看到：广发小盘和中证200的相关性最好，然后是和中证500，最后是和中证100。广发小盘首先偏中盘，然后是偏小盘，离大盘较远，是一个中小盘基金。

华夏大盘和广发小盘类似，首先偏中盘，然后是偏小盘，但比广发小盘离大盘更远，或者说是比广发小盘更偏小盘的基金。

华安宏利首先是偏中盘，然后是偏小盘，最后才是偏大盘。但和小盘、大盘的相关系数比较接近，也就是说它基本上是一个在大盘和小盘之间平衡的中盘基金。

上投阿尔法、易方达策略和景顺内需都是首先偏大盘，然后是偏中盘，最后才是偏小盘。但是从比例上也可以看出，景顺内需是最靠近大盘的；易方达策略是大中小盘相对平衡的，也就是略靠大盘；而上投阿尔法在两者之间。这和以前我们的结论，景顺内需是靠蓝筹的，上投阿尔法是平衡的，易方达策略是远蓝筹的，也是一致的。

看样子，中证指数是可以做很多分析的，而且相关分析也是有用处的。

15. 分红和收益

背景：写于2007年2月28日。

关于分红的事情讨论得其实很多了。我的观点也很清楚：正常的分红对我来说无所谓，因为我采用红利再投资，分不分红对我没有影响（今天不讨论归一分红的问题）。但是好像还是说服不了所有的人。老持有人会被分红后份额的增加而吸引，新进入者也会被分红后净值的降低而吸引。另外，关于是采用红利再投资还是现金分红，不分红是不是损害持有人的利益，分红是不是把"浮盈"转化为"实赢"，等等，也还存在些观念上的分歧。

今天给出些数据和大家分享吧（见表6-3）。统计日期是从2006年1月4日到2007年2月16日。

表6-3 6只基金的回报和分红情况

	上投阿尔法	中国优势	广发小盘	易方达策略	华夏大盘	景顺内需
总市值（元）	32933.77	33977.17	31314.80	32964.66	36236.68	33363.03
总回报（元）	22933.77	23977.17	21314.80	22964.66	26236.68	23363.03
净值增长（元）	21977.85	16973.33	6853.95	16791.11	21958.04	16634.24
红利（元）	392.04	3967.89	9157.68	3111.11	1798.20	6128.40
分红次数	1	2	6	6	3	2
红利再投资（元）	955.92	7003.84	14460.85	6173.55	4278.64	6728.79

表6-3是假设在2006年1月4日分别在上述基金中投入1万元，到2007年2月16日的情况。

总市值是指如果采用红利再投资，那 1 万元到现在的市值情况；总回报是从总市值中扣除了本金剩下的利润；净值增长是指这 14 个月以来，单纯看净值产生的资产收益（扣除了本金）；红利是指在这段时间中，可以得到多少现金分红；红利再投资是说如果这些红利用来再投资，那到 2007 年 2 月 16 日又可以产生多少市值。

从这 6 只基金对比中可以看到，广发小盘和易方达策略是最喜好分红的，14 个月分了 6 次。上投阿尔法最不喜好分红，就分了 1 次。广发小盘和景顺内需分红额度最大，9000 多元和 6000 多元；这 6 只基金都是非常不错的基金，它们这 14 个月的总体回报都在 200% 以上。但是我们怎么也看不出，总回报和分红的次数或者分红额之间有什么联系。

如果分红，红利再投资显然增加了很多利润。最多的是广发小盘，增值 5000 多元；中国优势和易方达策略都是 3000 多元。景顺内需虽然也分红很多，但是它的分红是在 2007 年初，再投资的威力还没有显示出来。上投阿尔法分红少，易方达策略分红多，但它们两个的回报率差不多。分红多了，最后的份额是涨了不少，但净值降低，经过红利再投资后，和不分红没有什么区别。分红前后买基金也没有区别。份额绝对不是关键因素，100 张的 100 元钞票和 1 万张 1 元的钞票没有区别。

有人说，分红后，把浮盈转化成了实赢。这话对，但经过红利再投资以后，实赢又变成了浮盈。除非咱们不投资，只要投资，只要咱们的钱在市场里面，盈利和亏损都是“浮”的。在把你的房产卖掉之前，所有房地产收益难道不是“浮”的吗？浮赢不可怕，没有浮赢哪里有实赢？咱们当然也可以采用现金分红，那样好像是得到了实赢。如果这样想，全部赎回不是更加落袋为安了？可我要说的是，这种落袋为安更像是杀鸡取卵。

我们的核心利润在于基金经理是不是能为我们赚到更多的钱，而且能用赚来的利润帮我们再赚更多的钱。这中间是不是把钱分给我一部分，我倒不在乎。因为他分给我了，我还是会再投回去的。

16. 再说波段操作

背景：写于2007年3月3日，此时股市震荡，不少朋友开始怀疑长期持有的观念。

我一直是喜欢长期持有策略，而反对波段操作的。这绝对不是因为长期持有像是投资，而波段操作像是投机，或者说长期持有更“高尚”，而波段操作更“低微”。而是因为，相比两种策略的最终回报，长期持有策略最终有优势，也就是说，我认为只有长期持有最终才能赚到更多的钱。

当和一个新投资者去谈证券市场的投资方法时，几乎所有的人想到的都是波段操作，也就是在高点卖出，然后再在低点买入。这个想法是如此的自然，甚至是完美的，似乎毋庸置疑。但我要说的是，波段操作实在是“可望不可即”的东西。

最近，股市震荡剧烈，从高点跌下来的人都在后悔：如果我把基金抛掉了，那不是就没有这个损失了吗？如何再在低点进入，还白白赚了10%，所以会说“我再也不长期持有了”。也有朋友认为，中国市场太不可预测，有些事情是短期行为，未来是什么样谁都不知道，见好就收才是真理。

我并不反对这种观点，但前提是您能做到这一点。

我们真希望能在高点卖出，然后在低点买入。可前提是，你能预见什么时候是高点，什么时候是低点吗？2月27日大跌，可有多少人能在2月26日预见到这件事情呢？今天是3月3日，又有谁知道下个星期是会反弹还是会持续下跌呢？现在是该加仓还是减仓呢？这甚至不是一个需要后悔的问题，因为这是咱们控制不了的事情。

一个成功的波段，必须满足的条件是你下次买入的点位要比你现在卖出的点位低；否则，你在一个高位逃离，虽然股市下跌，你躲过了灾难，但如果错失了上涨的时机，再在另外一个更高位买入，那其实是更糟糕的事情。也就是说，对于波段操作而言必须判断两个时机：股市开始下跌和股市再开始上涨。你要有两次操作，而这两次操作都不能失败，否则结果就不如一直持有。我们有时候能对市场有所感觉，觉得可能是在一个高位或者是在一个低位。即便咱们对两次时机的把握都在70%的时候，两者同时成立的概率，也就是波段操作最终成功的概率也只有49%。换句话说，你必须10次判断成功7次，才能和长期持有打个平手。

单单一次卖出，不是成功。你必须在更低的点买入才行。

我以前做过波段，或者试图做过波段，结果是失败的。有人说我是吃不到葡萄就说葡萄酸！我承认我是没有吃到甜葡萄，原因是这种甜葡萄不是想吃就能吃到的。在论坛上，不少人在说该做波段，但我不知道有几个人做波段成功了，而且是长期做成功的。一次、两次不稀罕，稀罕的是你至少10战7胜。

有朋友说，基金经理不是也在做波段吗？在高点卖出，在低点买入，我们为什么不行？我想我们是不行，否则我们花钱聘任基金经理给我们投资干什么呢？

那大波段能做吗？有朋友说，如果股市跌了50%，看你还持有不？如果股市都跌了50%了再跑，那恐怕更是大大的不划算，已经跑在地板价上了。这就是为什么投资要用闲钱，为什么要长期持有的另外一个原因。因为只有这样，我们才可能等到市场回暖再上升的机会。

赚钱才是硬道理，而且是最终赚钱才是硬道理。除非您短期内不再回市场，不再投资，不玩了，那就在您认为的高点退出吧。一次判断成功要比两次判断都成功容易得多。如果你对中国市场的长期走向没有信心，那赚一笔算一笔。如果你 1000 点进入的，现在有了 200%的利润，那就退出吧，等着市场再回到 2500 点的时候再进入。可是您知道中国市场会回到 2500 点吗？如果回不到，那就金盆洗手吧。

有人说长期持有是基金公司的谎言，他为了赚管理费才鼓励大家长期持有。可大家想过没有，管理费加托管费用一年才 2%。你一年做两次波段进进出出的费用都比这高。照理说，基金公司应该鼓励大家频繁进出才好。

波段操作损害的是自己的利益。别理想化地说应该波段操作，这不是应该不应该的问题，而是能不能的问题，是做不做得到的问题。

如果你真的想试，那就用你少量的资金去试吧，冷暖自知！

17. 再说理财和发财

背景：写于2007年3月7日。

投资基金是理财，而不是发财。我认为理财和发财的一个区别是：理财是有目标的，如养老或者孩子的教育；而发财似乎是多多益善。理财的目标是比较明确的，如你希望有200万元养老，50万元为孩子的留学费用，而且你也知道你有多长的时间去实现这个目标。显然，如果你已经是个巨富，你无须理财，这些钱已经在你的保险柜里面了。但没有的时候，你就希望通过理财投资，实现这个目标。可是投资是有风险的，更需要考虑的就是怎么在最小的风险下去实现你的目标。

如果你的养老金已经在保险柜里，那你需要的就是克服通货膨胀；如果你有50万元，但你还有20年才退休，而退休的时候只要200万元，那也就是需要翻两番，也就是年收益7%～8%就可以实现，而如果你只有10年，那就要15%的年收益才行。高的收益意味着你要承担高的风险。如果你现在只有2元钱，而要几天后有500万元，那你就买彩票吧。

所以，我认为理财就是在风险最小的情况下实现你的既定目标。咱们必须在目标和风险中平衡。大的风险不确保大收益，也不确保你达到目标的可能性大。

基金投资是一种稳健的、能达到你的目标的走法，不是发财越多越好的工具。

实际上，投资是平衡你现实生活和未来生活的手段。你现在投入得越多，享受得就少，但对未来的保证就多。把所有的资产都投资，那现在生活靠什么维系？既要保证现在，也要拥有未来。用高风险来赌未来实在没有必要啊。

也可以这样想，在我推荐的“核心+卫星”组合中，核心部分是为了锁定未来目标的部分，而卫星部分是你可以试图“发财”的部分。爱做波段就做吧，但别伤及您的核心，否则您恐怕连基本目标也达不到了。

18. 我的长期持有是几年

背景：写于2007年3月8日。

前几天在讨论是否长期持有的问题时，很多朋友问长期是多长，什么算长期？这里讲讲我的看法，或者说我的长期是几年，和大家讨论。

我认为长期持有是一个策略问题，而不是一个技术问题。是长期持有基金，或者说长期投资基金（可能“长期投资”这个词更确切），而不是长期死抱着一只基金。

这基于几点：

（1）不去预测市场。我相信对绝大多数人来讲，预测市场是做不到的，尤其是通过预测来具体指导买入卖出实在是太困难了。也就是说，对普通基金投资者来说，我是反对波段操作的，除非是高手或者天才。这个观点我说过很多了，不再重复。

（2）把投资作为一个长期“事”来做，也许这不是事业，但是是一件长期的“事”。基金是理财工具，理财是有目标的。如果还没有达到这个目标，我就会把这件事做下去，也就是说我不会脱离市场。

最近，大家在讨论如果达到自己的收益点是不是要退出的问题。我的想法是，比如，基金的长期平均收益是15%，但这是一个平均概念。今年如果是50%，明年可能是-10%，这样长期才有15%。如果我在20%的收益点退出，明年即使也不进入，没有亏损，这样平均下来就没有 15%的收益。因为你踏空了一段，而且也未必真能躲避市场亏损的时候，所以很可能落后于市场的平均。市场的走势是和我们的意愿无关的。

当然，如果你能判断市场的泡沫、股市的疯狂，而且能判断它们的程度，躲开亏损，保住收益，肯定是最美妙的，但恐怕不是那么容易。这除了是经济问题，更多的是心理的承受问题。

那么，长期持有是不是就是“捂”上三五年？我的看法不是这样。我们买基金，买股票，咱们可以不关心股票，但咱们一定得关心基金。在现在的国情下，简单信任一只基金也是不合适的。所以，咱们得跟踪基金和基金公司的情况，也别和基金谈恋爱，别把个人的情感融入你的投资之中。

但是基金公司和基金的情况不是快速变化的，咱们得给它足够的考察期。比如，我选择的基金连续 6 个月徘徊在三星位置（指数基金除外），那我就要考虑转换了。我之所以现在不投资指数基金的原因是基于我对中国市场的判断，我还是认为基金经理有很多优势的，那我也就认为它应该是领先的。四星和五星的基金占有市场的前 1/3，如果长期排在这个比例之后，我就认为是有问题了。我记得上投要求它们的基金保持在前 25%的水平，那也就是四星和五星的水平。

所以，我说我的长期是没有一个固定年限的（但最少半年），除非有基本面的变化，如违规、股东层、基金经理、投资策略等的变化。如果是一只好基金，我会持有很长时期，一直到我投资目标的完成，也许是 15～20 年。

19. 我们在赚谁的钱

背景：写于 2007 年 4 月 8 日。

有朋友又提起这个话题：我们到底在赚谁的钱？我就来表述一下个人的看法吧。

股市投资会创造财富吗？如果不会创造财富，那就只是财富的再分配，不过是劫富济贫，或者是打家劫舍而已。如果股市是零和游戏（正负总和为零的游戏），也就是赚的是亏的人的钱，有人赚自然就有人亏。这马上就带来一个疑问：2006 年以来，怎么只见赚的人，不见亏的人呢？

我的看法是，首先股市投资是会创造财富的。要记住我们真正投资的不是股票，而是投资的股票背后的企业。企业是会创造财富的，所以投资股市，给企业相应的资本，这些资本就会产生新的财富。这实际上就是股市会长期上涨的根本原因。投资有回报，这种回报就是由于新财富的产生而造成的。

但这是在非常长的时间跨度上的，也就是大趋势。股市的短期表现却是在长期上升趋势上叠加的一系列剧烈波动，而这种波动远大于短期的财富创造量，这种波动是一种财富的再分配，往往类似于一个零和游戏，有人亏有人赚。但也要注意，这种零和游戏不是实时的，不是说每天在股市上赚的人和亏的人是一样多的。在牛市的时候，可能所有的人都赚；而在熊市的时候，可能所有的人都亏。而在一个牛熊周期中，大概可能是一个零和游戏。也就是说，我们

2006年赚的钱，大多数是别人在上个熊市里面亏的钱，也就是所谓的价值回归。而如果股市泡沫产生，那泡沫中赚的钱，将是透支下个熊市中亏损的钱。

也就是说，长期来讲市场是向上的，我们赚的是投资企业的钱，所以有人说投资是赚钱的，只是赚多赚少的问题，这种说法也对，但前提是长期；短期来看，牛熊市场间的确是财富的再分配过程，熊市会蒸发资产，但牛市又会让它们回归。如果短期投机，那就是一种博弈，就是所谓的博傻游戏，即希望在咱们后面还有一个傻瓜会接咱们的盘。咱们可不要做在熊市里面大亏，却又错过牛市的人。

20. 请背对观众

背景：写于 2007 年 7 月 6 日。

市场动荡，又折回去再看一本书《绝境与生机——市场动荡、风险和机遇》。这本书以前就看过，这时候再读，又有新的感受。

首先是谁在恐慌？是市场还是人？答案是：不是市场有了巨变，而是人的心态发生了逆转。

当巨大的财富效应弥漫在市场上的时候，那似乎成了一个100%能赌赢的市场，谁还记得风险呢？但“在冒险行为没有带来预期效果时就会陷入恐慌。在这种情况下，许多投资者都会觉得上当受骗，想尽快从自以为是受骗的源头脱身。一群投资者很快蜕变成惊慌失措的一个群体。正是因为这一群人处于惊慌失措的状态，才容易做出惊慌失措的决定。因此，对于那些没有加入这个群体的人而言却是绝佳的机会。面对这样的好时机，真正的回报属于那些意志坚定、十分相信自己的判断力而不是听别人的观点的人”。

“采取这样的独立立场并不容易。朝着和人流不同的方向前进有遭到践踏的危险。但是在如同战场的投资领域，胜利常常属于那些在似乎指向同一方向的信息浪潮中冷眼旁观、勇于打破常规的人。这意味着胜利者要有能力发现指向另一行动方向的信息。”

上面这两段话出自这本书的第 114 页。虽然有点拗口，但我觉得这是这本书的精华所在。

其实，无论市场上涨还是下跌，大多数人对市场的反应是过度的。市场上最终赚钱的人一定是少数，咱们要做的就是怎么成为这种少数者。这本书里面还有一句经典的话：“如果你想指挥交响乐，一定要背对观众。”

21. 这世界上是没有神的

背景：写于 2007 年 7 月 27 日。

我想这个世界上是没有神的，但咱们却经常想去寻找一个神，一个能包治百病的神。

一年多在国内投资的经验，让我感到很多朋友希望遇到神，一只“神基”，一个“神专家”，或者一个“神的投资方式”。但我认为，这些东西都是没有的。

很多朋友最常见的问题是：你能不能推荐一只基金？希望是收益好、风险低的。这种神基是没有的。而且，有半年以上投资经验的朋友都可以发觉，市场变化如此之快，你根本不能预测到一只基金未来的趋势。任何一只基金都只会在一段时间内表现良好，这和它的投资策略是密切相关的。如上投优势和上投阿尔法，你能说哪只更好吗？你能比较的仅仅是一个特定期间的短期表现。记得有朋友对我的书评论说，我对上投阿尔法和上投优势的评论刚好和实际情况相反。那本书（本书的第一版）是 2006 年底完稿的，今年上半年是上投优势比阿尔法好，但最近的情况也未必能分出个胜负，所以简单地断言哪只基更神，恐怕是做不到的。

有“神专家”吗？也许有，那是巴菲特、林奇之流。我想在咱们的周围这种人恐怕很难找到。我记得有大师说过，有 3 种人能预测市场：天才、疯子和骗子。我反正不是天才，更不想当疯子和骗子。不要相信所谓的专家，如果他真是天才，恐怕也不会出入咱们中间。

投资绝对没有任何万无一失、包治百病的方法。任何方法都有其两面性，如长期持有和定投，甚至波段操作。适合自己的方式才是最好的方式。我也看到过一些投资模型，或者听说这种那种法则，但我对这些模型是不大相信的。我也有朋友在华尔街专门研究金融模型，但这不是咱们投资散户能做的事情，更不是用 EXCEL 表能完成的工作。投资不是数学，没有定式。

投资的时间越长，我越觉得投资是对自己人性本质的考量。这世界上没有救世主，没有神，只有你自己！没有一劳永逸的事情，钱是你的，生活是你的。你不做主谁做主呢？

22. 6000点，买还是卖

背景：写于2007年10月16日，上证指数接近6100点。

随着点位的升高，问我买什么基金的人也随之增加。我依然一如既往地告诉他们基金的风险在哪里，然后不给出具体建议。我不想让他们犯无知的错误，也不想承担让他们失去赚钱机会的责任。但好像越来越明白了一件事情，那就是咱们的操作一定要和风险的认知相匹配。现在6000点，是该买还是该卖？我的想法也简单：如果你不想再承受未来的风险，那你就卖；如果认为未来的风险你还能撑得住，那就持有；如果认为未来的机会还很多，那就接着；但如果知道未来的风险承受不了却还要买，这我就反对了。

买、卖、持有，我都赞同，关键是你的风险承受能力有多大。我非常反对明知山上有虎，却非要上景阳冈的“大无畏精神”。那是赌博！靠几碗酒是成不了武松的。

风险是一种不确定性。市场可能涨，也可能跌，这种捉摸不透的东西就是风险。我们在心理上和财务上都在面对这种风险。想想这一年多咱们是怎么赚到钱的，其实也是因为咱们承受了风险，想想在那些不确定的行情中经受的那种忐忑不安的心情。对未来的行情，我没有把握，但相信随着点位的上升，不确定性也在加大，也就是风险在加剧。风险加剧也并不意味着咱们就一定要退出，关键在于咱们自己能承受多少风险。我和朋友常开玩笑说：“买基金的风险和收益介于存银行和买股票之间。”存银行没有风险，收益低；买股票收益高，但风险更大。那在这中间就有很多档，咱们每个人都有一个最高承受档位。超过这个最高档位太多，就从投资变成了投机。

对风险的评估不仅仅是财务上，同时也是心理上的。在心理上承受那种忧心忡忡的日子并不是件容易的事情。所以，我说如果睡不着觉，就降低仓位，也就是减少风险。

那这是不是不符合长期持有的思想呢？LaoK 以前说要守，现在怎么买卖都赞同了呢？其实，长期持有的心理压力是最大的。现在是牛市，我提倡长期持有，大多数人都没有异议，因为看到守住了，钱就进来了；而一旦市场持续下跌，估计我就要被骂得很惨很惨。但也正因为长期持有的心理压力大，所以才会有好的收益，这就是风险溢价。可是绝对不是每个人都能承受得住这种压力的，如果你承受不了，我也就不劝你长期持有了。这恐怕也是我最近思想的一个变化。

说老实话，我已经做好了市场随时下跌 50% 的心理准备，所以可以睡得着觉；但如果市场再涨 50%，我会睡得更香甜。

23. 舒舒服服地投资

背景：写于2007年12月18日。

我希望舒舒服服地投资。因为我认为只有舒舒服服地、轻轻松松地投资，这事情才能做得长久。

很多朋友都问过我，为什么不买股票，不买封基，甚至不买ETF？其实答案只有一个：我软弱。我一直都远离二级市场，原因就是怕经不起诱惑，经不起那种可以快速操作的诱惑。我一直相信一点——人性是有缺陷的，这东西往往不是由意志力能控制的。美国人曾经有过一个统计，当互联网普及以后，短线交易量飞速提高。当事情变得如此简单、方便、快捷的时候，你很难不利用它。

我绝对不否认股票、封基、ETF都是很好的投资品种；但本质上，我更喜欢长期投资，而不是短线交易。然而，如果我进入二级市场，我知道我会抵制不住那种诱惑。结果是从尝试到陷入，最后是失败，所以我宁愿远离它们。浅尝辄止的事情，我估计我做不到。最终我会很不舒服，很不轻松。与其那样，不如从根子上断了这种念头。我一直认为心态是最重要的。投资一定不是生活的全部，如果我把大量的时间都陷入无休止的看K线过程中，那就会像一个笑话说的：K线就是最好的心电图。

还是那句话：选得好，买得巧，不如守得住。各种投资都有各自的特色，但从长期来讲，我认为考虑到收益和风险的平衡，这些投资品种在本质上是没有太大的区别的。为了几个百分点的差距，而绞尽脑汁，有点事倍功半。把现在的50万元，变成20年后的480万元（按照12%的复利计算）这是我的目标，而最终是430万元还是530万元，其实已经不重要了。但如果现在的50万元，最后折腾得只有80万元或者100万元，那问题就大了。所以，我不想去折腾。说穿了，我宁愿舒舒服服地、轻轻松松地生活，即便少一点收益，也不愿艰苦卓绝得含辛茹苦。

我想，本质上这也是我的一种生活态度。压力太大的事情不能长久，那我就避免这个压力。

24. 债券基金 A、B、C 类

背景：写于 2007 年 12 月 22 日。

在债券基金中有些特殊的分类，比如华夏债券和大成债券分 A、B、C 3 类，而工银强债、招商安泰、博时稳定和鹏华普天分 A、B 2 类。这之间到底有多少区别？翻了翻晨星，也没有找到最后的答案，只好去研究一个个招募书。

首先，无论是 A、B、C 3 类还是 A、B 2 类，核心的区别在申购费上。如果是分 3 类的基金，A 类一般代表前端收费，B 类代表后端收费，而 C 类代表没有申购费——无论前端还是后端，都没有手续费。而分 2 类的债券基金，一般 A 类为有申购费，包括前端和后端；B 类债券没有任何申购费。也就是 3 类分类中的 A 和 B 类基金相当于 2 类分类中的 A 类，是前端或者后端收取申购费的基金；而 3 类分类中的 C 类基金是相当于 2 类分类中的 B 类基金，无申购费。详细情况见表 6-4。

表 6-4　不同债券基金的分类

基金名称	申购费方式	费率（%）
华夏债券 A	前端收费	1
华夏债券 B	后端收费	1.2
华夏债券 C	无申购费	
大成债券 A	前端收费	1.5
大成债券 B	后端收费	2
大成债券 C	无申购费	

续表

基金名称	申购费方式	费率（%）
工银强债 A	前端和后端收费	0.8/1.0
工银强债 B	无申购费	
招商安泰 A	前端收费	0.8
招商安泰 B	无申购费	
博时稳定 A	前端和后端收费	0.8/1.0
博时稳定 B	无申购费	
鹏华普天 A	前端收费	0.8
鹏华普天 B	无申购费	

显然，表6-4中有6只基金是没有申购费的，这岂不是大大的便宜？但是如果仔细去看招募书，在这些没有申购费的债券基金中，费率中都多出了一条叫“销售服务费”的东西。在华夏债券的招募书上是这样写的：“本基金A/B类基金份额不收取销售服务费，C类基金份额的销售服务费年费率为0.3%。本基金销售服务费将专门用于为本基金的销售与基金份额持有人服务，基金管理人将在基金年度报告中对该项费用的列支情况做专项说明。”也就是说，华夏债券C类虽然不收前端或者后端申购费，但收取销售服务费。这个销售服务费是和管理费类似的需要逐日提取的。如果去看华夏债券A类、B类和C类基金今年以来的业绩，可以发现到今天位置，华夏债券C类的回报落后A类和B类3.5个百分点。这是由该销售服务费造成的。其他的债券基金也一样。除了工银强债B类的销售服务费为0.4%，其他几个无申购费的债券基金的销售服务费都是0.3%。

天下没有免费的午餐。不收一次性申购费，就按日收取销售服务费，但这也不是说这中间没有不同。就说华夏债券A、B、C 3类，C类虽然有销售费，但是0.3%的费率，3年下来还不到1%，也就是还低于前端申购费（暂时不考虑资产的增值）。这样，也就是大概可以说：如果你确定是短期投资，比如1～2年，那选择C类债券，2年以上就不合算；如果确定是3年以上就可以选择B类，因为华夏债券B类的2～3年的收费就只有0.7%了，而且期限越长收费越少；如果对投资期没有任何判断，就可以考虑A类前端收费。对于华夏债券A类，持有3年以上收益就强于C类，持有1年以下就好于B类。

另外，要说明的一个问题是：虽然无申购费债券基金和货币基金一样，进出都没有费用，但债券基金还是有波动的，它的波动虽然小于股票基金，但并不是保本的，债券基金也很可能亏损。所以，从本质上讲，它和货币基金还是有很大区别的。

要注意的是：各个基金公司对债券的分类略有不同，有的是B类没有申购费。关于这个，大家看看它们的费率表就知道了。

25. 牛熊转换的感想（一）：心态

背景：写于2008年7月24日。

牛熊快速的转换，到底还是应验了那句话“怎么上去的，就怎么掉下来”。回顾这一年半的行情，的确有很多感想。第一个还是心态的问题。

前段时间看CCTV-2，在一场电视讨论政府该不该救市的节目中，有个人很激动地站起来，义愤填膺地说，我们买股票是为社会主义建设做贡献，政府当然要保护我们。政府到底是不是该干预市场，这个话题在经济理论界都各执一词，不是我能讨论的问题。我想问的是，咱们进入市场的时候，真是想为社会主义建设做贡献吗？扪心自问，这种人实在太少了吧？更多的人是在考虑为自己做建设。

为自己做建设无可厚非，关键是怎么建设。坦率地讲，去年4000点、5000点进来的朋友更多的恐怕还是怀着投机心理。曾经看到一本书上说，投机是想把小钱很快变成大钱，而投资首先是不让大钱变成小钱。后半句话的主要意思是，投资的第一个目标是跑赢CPI。如果CPI是5%，那20年后，现在1万元只能当3500元来使。

投机也有两种人，大多数是糊里糊涂地投机。当听说办公桌对面的那个人的资产快速翻番的时候，让咱们不动心，真的很难。结果就是问问对方买了什么好东西，然后照单点菜，心想他能发财，我为什么不能？结果糊里糊涂地就抱着了那朵击鼓传来的大红花。这是最可悲的。由于没有任何的知识和意识，亏都不知道怎么亏的，亏了以后也不知道怎么办。而且，没有任何前期的风险防范措施，最典型的就是倾家荡产进入 6000 点市场的人。真是血淋淋啊。

还有一种真是赌。这种人还好一点，因为他们知道自己是在赌，知道风险，也愿赌服输。市场本来就是有风险的，再加上赌的色彩，亏也是正常的。他们是想着市场会到 1 万点，可天灾人祸，又是次级债，又是石油大涨。

这两种人，都是试图抓住一个机会，从而快速地把小钱变成大钱的人。这种成功的概率实在是太小了。

过去的事情只能让它过去了，后悔无用。关键是在这些教训中咱们得到了什么，花钱也得买个教训吧。我的看法最重要的一点还是希望大家放弃投机的心态。

2007 年，太多人被卷入市场，然后铩羽而归。不过我更想说，好好总结一下输在了哪里，否则下次还会亏。不抛弃，不放弃。用投资的心态去理财，而不是用投机的赌博去发财。经过了牛熊市场的人，教训就是咱们的财富。现在不到 3000 点，不要指望市场会快速回到 6000 点。3000 点可能是投资的机会，但绝对不是投机的节点。投机在任何时候都会有很大的风险。放弃幻想吧，实实在在地用长期投资来平滑市场的风险。我相信中国经济会越来越好，市场也会越来越规范。

“态度决定一切”，这是两年前写的文字了，现在我还是希望和大家分享这个理念。少点浮躁，多点理性。

26. 牛熊转换的感想（二）：专家

背景：写于2008年7月25日。

虽然中国人大多数是无神论者，但骨子里还是崇拜神的，起码也是崇拜所谓的“专家”的。牛熊转换下来，我另外一个感想就是，在市场面前，尤其是短期市场面前，没有专家。

记得2006年初，我准备入市的时候，看过一个电视节目：央视的人和一般基金经理预测2006年的行情。大体的结论是，2006年是不是牛市很难说，最看好的人也就预测到1300点。2007年初，另外一帮专家看到最高的是3500点。到5000点、6000点的时候，看到的高点就成了8000点、1万点。2008年初，我记得他们说上半年有奥运行情。这些的确都是这行的专家，至少是业内人士。如果你说他们是有意忽悠人、骗人，我是不同意的。我相信这的确是他们当时的判断，但问题在于市场是无法预测的，无论他是多大的专家。这不是人能做到的事情。

的确有人预测对了，可我只认为他们是猜对了，而不是有能力预测。

非常有幸，这两年我也成了“专家”。最引以为豪的是，在6000点，我“预测”说我准备好了下跌50%。但坦率地讲，那根本就不是预测，更不存在预测正确的问题。那是一个耍滑头，打太极，被我蒙上了而已。

但有一点我得承认，我一直在关注风险。其实2006年底，我就写过《如果气球爆了，你受得了吗》。如果那个时候，气球爆了，我那时候就成了“专家”，结果没有；“5·30”前，我发过一组图片，包括美国、日本、中国台湾等地股市从高到低的转换，也算是暗示风险。如果说那是预示“5·30”，简直是高抬我了。“5·30”以后，市场还不是继续上行；10月13日我写过《关心一下债基》，10月16日最高点时写了《6000点，买还是卖》，但到11月还不是写了《似曾相识燕归来》？平心而论，我是闻到了泡沫的气味，但根本不知道泡沫会不会破裂，什么时候破裂。

不过有些东西，我认为我是清楚的，如基金投资的基本概念，高净值的问题，分红、拆分的问题，定投的问题，等等。这些基本理论大家都是应该掌握的，在这个层面上可以有“专家”和“非专家”的区别。但千万别把自己的真金白银寄托在任何对市场的预测上，那是大大的凶险啊。

另外，咱们的耳朵是有选择性的。牛市的时候会有一堆牛市理论，说明市场永远会牛下去；熊市的时候，又有一堆分析说会一直熊下去。例如，2008年说的黄金10年，现在讲的熊市还有3～5年等。这更刺激了咱们的贪婪和恐惧。

还有，媒体的目标不是帮咱们赚钱，他们是为他们自己赚钱。他们会找他们喜欢的、能吸引大众眼球的东西去散发。很多财经记者越来越向娱乐记者靠拢，用看明星绯闻的态度去看那些评论可能更恰当点。

对“专家”的失望还来源于一点：我发现不少洋洋洒洒讲基金投资的人，自己却是不买基金的。

27. 牛熊转换的感想（三）：基金公司

背景：写于2008年7月25日。

我对基金公司的感情真是又爱又恨，爱恨交加啊。

对基金公司的爱，源于对基金这个投资品种的爱。开放式基金这种投资品简单、明了、相对透明，非常适合工薪阶层；而且，基金投资给了我一个对未来的希望。回国的时候，我没有任何公职身份，也就是说未来退休以后是没有任何保障的，除了那点养老保险。为了养老，我必须自己想办法攒钱。其中，最重要的就是要跑赢CPI，投资基金至少让我看到了一种前景。我不可能天天去跟踪那些红红绿绿的大盘，也不大可能去研究那些上市公司的公告。把钱交给基金，不是一种很好的方式吗？当然，这是一种理想，理想和现实是有差距的。

对基金公司的恨，却不是对基金运作能力的质疑，而是对基金公司一些行为方式的不满。2006年11月，我写过一篇当时很有争议的文章《××，我为你哭泣》，那是对巨额分红、净值归一、持续营销等行为的不齿。可是大分红、拆分之类的把戏愈演愈烈。基金公司仗着牛市对基民采取一种很不负责的态度。我始终认为中国市场的泡沫，基金公司和代销基金的银行“功不可没”。回想一下2007年的那些宣传吧，有多少人以为基金是一种只赚不赔的发财产品啊！那时候的存款大搬家都是谁的功劳呢？我们都羡慕一个成熟的市场，可基金公司到底为市场的成熟做了什么？牛市基金“肆无忌惮”地敛财，当然也就导致了熊市老百姓“背信弃义”地赎回。但倒霉的还是老百姓，不骂基金又骂谁呢?

基金和基民有时候是利益共同体，可以双赢。但很多时候，基金还是只为自己的利益着想。即使是在所谓成熟市场的华尔街，大名鼎鼎的美林证券也曾经把一种高风险的“幂数触发期权”卖给比利时政府。在短短几年中，比利时政府损失几亿美元，以致控告美林。最终结果是，美林以支付比利时政府 1 亿美元的赔偿私下了结了此案。

基金公司，你们应该记住：最终支撑你们的还是基民，水能载舟亦能覆舟。

话是这样说，可是对于基民来讲，如果放弃了基金投资，我们又能得到什么呢?

爱恨交加，言之也不为过吧?

28. 牛熊转换的感想（四）：共识

背景：写于 2008 年 7 月 27 日。

看着市场牛熊转换的这两年，我认为在有些东西上很多基民达成了一些共识，至少基本的基金知识已经日益普及。这和两年前是大大不同的。

开基其实真的很简单。但大家可以发现，即便是对最基本的知识的理解，也不是一件非常轻松的事情。

基金的第一个概念就是净值，这是我们成天打交道的东西，却有很多人搞不懂净值 2 元和 1 元的换汤不换药的伎俩，所以才会出现抢购新基金的风潮，才会发行什么 2 号基金，才会有拆分，才会有巨额分红。单单一个最基本的概念掀起了多大的波澜，想想都很可笑。好在这个概念老基民是清楚的，尤其是现在看到几毛钱的净值的时候，更发现那个 1 元的标价真的什么意义都没有。这个共识 90%的老基民应该都明白，如果在这点上还有疑惑，那真的要努力学习了。

开基的分红不过是把左口袋的钱放到右口袋。这话是我两年前说的，现在这个共识大家基本都达成了，应该有 80%的人都明确这一点。对净值归一、持续营销等行为不齿的，估计有 70%的老基民。

定投在牛市里面的确很少有人欣赏，到熊市却逐渐被大家接受。其实，牛熊是很难预测的，而定投真正能穿越牛熊。但大家也清楚，定投不是能扭亏为盈的，在大熊市里面定投一样是亏损，别妄想用定投战胜熊市。

两年前，即便这些基础知识也在各个论坛上有很多争议，但现在至少在这点上市场成熟起来了。更重要的一点是，大家都知道了基金不是包赚不赔的，基金也是有风险的。这是用真金白银换来的共识。

基民都是从新到老，从稚嫩到成熟。不抛弃，不放弃，在熊市中积累，到牛市中收获。经过这波牛熊转换行情的朋友，到下个牛市就都是老江湖了，这就是成长。

29. 牛熊转换的感想（五）：分歧

背景：写于 2008 年 7 月 27 日。

有共识当然就有分歧，既然是分歧就是暂时没有结论的事情。所以，也就只是把它们陈列出来而已，尽量不把我的态度放进去。

第一个分歧应该是长期持有和波段操作的分歧。这两种方式也有很多流派或者小分歧，如长期持有和长捂不卖的区分，小波段和大波段的区别，等等。一般来讲，上涨的时候，容易让人相信长期持有；而下跌的时候，更觉得波段操作才是正解。

第二个分歧是对主动型基金和指数基金的选择。这个问题其实是全世界都在讨论的问题，更深一层就是市场有效性的问题。不过，经过这一波牛熊转换的行情，至少在收益上形成了牛市中指数基金跑得快，而熊市中主动基金跌得慢的现象，这显然是仓位的问题。

第三个分歧是分散投资还是集中投资的问题。基金本身就是一个分散投资的产物了，那是不是还要选择不同的基金来进行分散？或者只盯着一两只基金？

第四个是开基、封基和股票该选什么的分歧。一个朋友曾经说过："买股票的看不上买封基的，买封基的看不上买开基的，而买开基的之中最被看不起的当然是买货币基金的了。"不过，在熊市中，货币基金倒是包赚不亏。其实，谁都有长处，熟悉什么玩什么吧。

我想到的主要是这几个大原则，至于更细的分歧当然还有无数。这些分歧不是这波牛熊转换行情能解决的问题，甚至也不是下波牛熊转换行情能给出答案的。但至少我们自己应该有个态度，而且更重要的是用纪律支撑自己的观点，不要被他人左右。

最后也说一句，这些分歧只是观点不同而已，我不认为有任何的忽悠成分在里面，更不存在什么谎言。就因为观点不同，而连对方的祖先都捎带上，只能说明自己的浅薄。自己的钱是自己的，别人的钱是别人的，谁都没有更多的责任和义务帮其他人赚钱。既然不能保证让对方赚钱，何苦把自己的观点强加于人？

和气才生财！

30. 牛熊转换的感想（六）：闲钱

背景：写于 2008 年 7 月 30 日。

我始终认为闲钱是投资的第一要素，这是一个大大的前提。

在牛市的时候，往往大多数人会忘记这个原则。且不说贷款买基，节衣缩食的人也不在少数。记得看过一个笑话，说看到每块德芙巧克力，都觉得是一份份的基金。

闲钱投资，第一个是控制风险，也就是流动性的风险。不是闲钱，必然就不可能靠时间来平滑市场的波动，快进快出就是唯一的选择。如果战之能胜当然是好结果，但一旦被套，结局就非常惨烈。被迫割肉，可是大大的不妙。从这一点上，也很容易区分咱们是在投资还是在投机。有人说，投机不成就变成了投资，炒股失败就成了股东。可如果不是闲钱，这两条都做不到。

买基不是生活的全部。如果连吃巧克力的乐趣都被买基金的欲望剥夺的话，那似乎真的是守财奴了。投资是现在生活和未来生活的平衡，既然是平衡就不要舍去现在的生活，日子是一天天过的。

在牛市里面，让朋友少投一点是很难做到的事情，因为大部分人根本就没有想到市场会跌。他们甚至不认为自己是在孤注一掷。在赚钱的时候，往往信心都会膨胀，觉得自己很英明，结果本金越投越多，把不是闲钱的钱也投进去了。最后，市场转熊的时候，本金都会亏损。投资一开始赚未必就是好事情，因为这太容易让人忘记风险了。

31. 牛熊转换的感想（七）：基坛

背景：写于2008年7月31日。

上网的基民少有不上基坛的，我自己也是从基坛一路走过来的，而且和很多版主都有很好的关系。但两年来，对于基坛，我的确也有很多看法。

第一，基坛，披着一层虚拟的外衣，而且鱼龙混杂。真正能在论坛上提高自己不是一件容易的事情。稍微有点人气的基坛，一天也有几百个帖子，能上精品的凤毛麟角，而且沉下去的速度很快。对于新基民来讲，在这些帖子中做出合适的选择是很难的事情。

第二，基坛情绪化的东西太多，谩骂的嗓门高于讲理的声音，这是我最不喜欢的。大盘涨的时候，骂自己手上的基金和基金公司，大盘跌的时候更是无所不骂。本来是对一个问题有分歧的讨论，往往变成硝烟弥漫的战场。对不同意自己观点的人，讽刺挖苦，文笔好得很，但要真正说出点道理时又不见有多少功力。

第三，不可否认的是基坛上新手太多。新手最大的问题是缺乏主见，而在一个嘈杂的论坛中，很容易人云亦云，完全迷失自己的方向。

第四，能预测未来的“股神”“基神”满天飞。敢说“立帖为证，明天大涨/跌”的人层出不穷。

第五，灌水的人比讨论主题的人还多。唉……

论坛的特点是热闹，消息多，消息快，但这些消息几乎都是小道消息或者是胡编乱造的。听论坛消息买基金的人，是没有什么好结果的。

说白了，我不建议泡论坛，最多看看版主推荐的精品帖，新基民尤其如此。泡论坛不如泡博客，博客的东西几乎是博主的思想，而论坛更多的是信手拈来。在论坛时间长了，心态就很难平和。

另外，我是很同情那些版主的，这个就不多说了。

32. 我认识的可转债

背景：写于2009年1月21日。

我对可转债的关注实在没有多长的时间，从前篇日志谈到这个问题以后也有不少朋友问可转债。我发现好像懂的朋友的确也不多，就来个抛砖引玉，把我理解的和大家分享一下，然后希望有高人能指点一二。

可转债的全称是可转换公司债券，是一种公司债券（注意它可不是国债）。它赋予持有人在发债后一定时间内，可依据本身的自由意志，选择是否依约定的条件将持有的债券转换为发行公司的股票或者另外一家公司股票的权利。换言之，可转换公司债券持有人可以选择持有其至债券到期，要求公司还本付息；也可选择在约定的时间内转换成股票，享受股利分配或资本增值。

可转债就有了如下的特性：

（1）债权性（也叫债性）。可转债首先是债券。与其他债券一样，可转债也有规定的利率和期限。投资者可以选择持有债券到期，收取本金和利息。

（2）股权性（也叫股性）。可转债在转换成股票之前是纯粹的债券，但在转换成股票之后，原债券持有人就由债权人变成了公司的股东，可参与企业的经营决策和红利分配。因此，也可以被看成股票。

（3）可转换性。可转换性是可转债的重要标志，债券持有者可以按约定的条件将债券转换成股票。转股权是投资者享有的、一般债券所没有的选择权。可转债在发行时就明确约定债券持有者可按照发行时约定的价格将债券转换成公司的普通股票。如果债券持有者不想转换，则可继续持有债券，直到偿还期满时收取本金和利息，或者在流通市场出售变现。

也就是说，可转债既可以看成债券，又可以看成股票。在牛市的时候，股性大发，可转债虽然会比股票涨得慢，但也是蓬勃向上的。因为很多人觉得可转债会转为股票，当然价格就涨。在熊市中，当股市下跌到一定程度的时候，可转债有债性支撑，可以被认为债券，就不会像股票一样跌得稀里哗啦的，让人不知道底在哪里。

2008 年，市场上最有名的可转债基金是兴业可转债，其他的如华安宝利配置、博时平衡配置、宝康灵活配置、泰达荷银效率、南方宝元债券等可进行可转债投资。兴业可转债的可转债资产配置比例为 30%～95%，而股票配置比例不高于 30%。

如图 6-1 所示，这是兴业可转债 2006 年以来的收益走势和上证指数的对比。

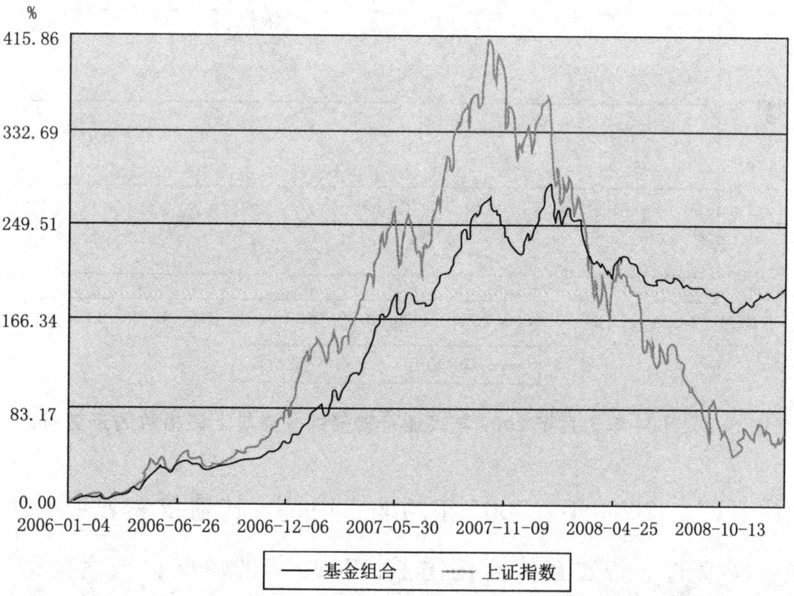

图 6-1　2006—2008 年兴业可转债的收益与上证指数的走势对比

显然，牛市的时候可转债是没有大盘涨得快，但熊市来了以后，跌到一定程度时就被其债性托住了。2006 年 1 月 1 日至 2007 年 10 月 16 日，大盘涨了 400%多，而兴业可转债只涨了不到 300%（其实也不少啊）。但在接下来的一年多，上证指数到 2009 年 1 月跌了 67%，可兴业可转债只跌了 21%。两项一综合，2006—2009 年，上证指数涨 68%，但兴业可转债接近涨 200%。这里面当然有兴业公司对市场判断的问题，但可转债的特性也是一个显然的因素。

如图 6-2 所示，这张图是从 2004 年 8 月开始，也就是兴业可转债建仓完成开始至 2009 年的情况。

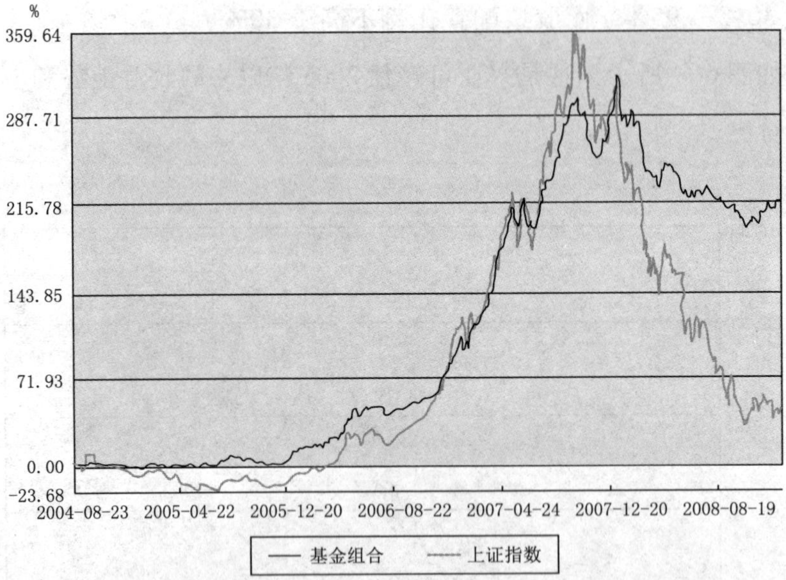

图 6-2　2004 年 8 月至 2009 年兴业可转债的收益与上证指数的走势对比

注意，在 2004 年、2005 年的熊市中，可转债依然表现出债券的性质，净值的下跌被其债性托住了；2008 年的情况，与之类似。

也许时间还是太短暂，但从可转债的性质上看，这类证券好像是很有意思的。它不是一个激进的品种，但也不是一个很稳健的品种。但在震荡行情中，尤其是在大起大落的市场，这东西好像也是不错的。

不过，中国市场上现在无论可转债还是可转债基金都太少了，选择的余地也太小。另外，可转债是债券和股票的综合体，这样比债券或者股票都要复杂。它们分开时我都搞不懂，何况合在一起时呢？如果看中这个投资品种，我还是会通过基金进入的。

33. 保本基金保什么

背景：写于2009年1月23日。

在熊市里面，稳健型的基金更受关注。这也好，咱们也趁机在这方面多做点功课，牛市里面是没有人会想到保本的。

开基里面专门有一类叫保本基金，现在大约有6只保本基金，分别是国泰金鹿、银华保本、南方避险增值、南方恒元保本、交银保本和宝石动力保本。如果单单从字面上看，似乎投资保本基金是不会亏损的，只是赚多赚少的问题。其实，保本基金的保本是有前提条件的，绝对不是任何时候都保本的。

就用最近刚刚发行的交银保本为例子吧。

保本基金发行的时候，除了一般的《基金合同》和《基金招募书》，还多出一个《投资基金保函》。它是中国投资担保有限公司为认购保本基金的投资人进行的担保。也就是说，在这个《保函》的范围内，如果基金亏损了，保险公司就会进行赔付。因此，可以说，仔细研究这个《保函》，就知道咱们的资金在什么情况下是有保证的了。

按照这个《保函》，“保证范围为，按基金份额持有人认购并持有到期的基金份额与保本周期到期日基金份额净值的乘积加上其认购并持有到期的基金份额累计分红款项之和计算的总金额低于基金份额持有人认购并持有到期的基金份额的投资金额的差额部分。基金份额持有人在保本周期到期日前赎回或转换出的部分不在保证范围之内”。

“下列任一情形发生时，保证人不承担保证责任：

1. 基金份额持有人认购，但在基金保本周期到期日前（不包括该日）赎回或转换出本基金的基金份额；

2. 未经保证人书面同意提供保证，基金份额持有人在本保本周期内申购的基金份额；

…………”

这几条的精髓就是，要保本就要满足两个先决条件：①认购；②持有到期。中途申购或者中途赎回都不在担保范围内。

而所谓的到期是指保本基金都有个保本周期，交银保本的是3年。也就是说，你认购的交银保本基本，持有到3年后，是承诺你不亏本金的；如果中途进入或者退出，就不担保了。

所以，我感觉保本基金更像银行定期发行的理财产品，基本上没有开基的流动性优势，而保本的条款是有限定条件的。另外，有的保本基金可能还只是担保90%的本金。所以，如果非要买保本基金则要更仔细地看看文件。

34. 好心情更重要

背景：写于2009年3月28日。

好几次有朋友留言："我的××基金实在太糟糕了，总是涨得慢跌得快，但它却是我的重仓品种，我该怎么办？"

以前我回答这种留言一般都是不给明确的答案，让他们自己做主。但最近有所改变，现在的建议是"如果不喜欢，就换掉吧"。不过"换掉"的原因并不是他说的"涨得慢跌得快"，而是他的情绪。

其实，我大多数时候都会去看看这些朋友提到的"糟糕"基金，但通常看不出它们有多糟糕，也看不出它们是否真的涨得慢跌得快；甚至有时候也会涉及我自己持有的基金，而且评价刚好和我相反，但即便是这种时候，我也建议他们"换掉"。原因是，从主观上，这些朋友已经不喜欢这些基金了，甚至已经厌恶它们了。与其持有一些自己不喜欢的基金，还不如干脆换掉。换句话说，我更看中持有者的心态。

我认为，真正总是涨得慢跌得快的基金是很少很少的。如果有，也是在比较短的时期内，而不是"总是"。能把握市场的轮动，"总是"踏准节奏，"总是"领先的确是不容易的事情。但真要"总是"踏不准节奏，"总是"选择最糟糕的股票组合，"总是"倒霉同样也不是一件容易的事情。有领先的时候，有落后的时候，这才是比较正常的状态。或者说，同类型的基金本质上长期不会有太大的区别的。长期来讲，咱们收益的90%实际上取决于资产的配置情况，如股票和债券的比例。往往涨得慢跌得快这种表象，更多的是心理作用，因为亏损的感觉比盈利的感觉更强烈。这在投资心理学上是有解释的。昨天亏了 100 元，今天又赚回了 100 元，咱们以后更容易记住的是昨天的痛苦，而不是今天的快乐。

不过，如果在您的眼里，无论什么原因，一个不着边际的小道消息，或者一篇莫名其妙的新闻报道，某只基金已经越来越不顺眼，已经对它横挑鼻子竖挑眼了，已经让你见它就烦，那我的观点是“与其难过地勉强持有，还不如换掉以换取一个好心情”。有好心情才有好心态，有好心态才会有好结果啊。现在的基金，没有一只是挑不出毛病的，也很少有满身都是不是的。不过，如果缘分已尽，那还是散了吧。

虽然基金转换是有手续费的，但好心情比这点钱更重要。

35. 我和上证指数的故事

背景：写于2009年6月19日。《红周刊》约我写点上证指数的故事，所以我就回忆了一下这几年的历史。

虽然没有见过上证指数100点的时候，但起码经历了6000点的日子。

2006年初，当我开始关注中国股市和基金市场的时候，大盘刚刚经历了5年的熊市，上证指数从2245点跌到998点，然后又开始抬了半年的头，慢慢摸到1200点附近。记得很清楚，一个周末我去各个银行打探基金代销的情况，一位中国银行的工作人员非常慎重地告诉我："大盘涨了这么多了，风险太大了，现在不要买了。"不过，我没有听她的话，换了家银行开始了我国内基金的投资道路。

春节的时候看电视，一帮基金经理和央视财经频道的主持人坐在一起畅谈2006年的未来。上证指数的预测总是不可缺少的话题。讨论半天，最后的预测是2006年也许是牛市的前期，最乐观的预测也就是1500点顶天了。5年的熊市，让所有的人都心有余悸，谁知道还会不会有第6个熊市之年。

很好，我觉得。因为我才开始建仓，总不希望建在山顶上。熊市是买入的好机会，我很相信这个的。一次性的投入再加上定投，开始了我的基金之旅。不过，出乎意料的是，春节后的3月上证指数就到了1300点，4月到了1400点，过了五一就冲上了1500点，到了六一就接近1700点了。不到一年时间，上证指数涨了70%。一路上谁都说看不懂中国股市了，而且涨了这么多，大跌就在眼前了。果真，6月中旬上证指数回到了1534点，跌了10%，似乎熊市又回来了。可一转眼，到了7月初，又回到了1700点上面。然后上上下下，到了十一长假后，上证指数突然像长了翅膀，年底飞到了2675点。所有的人都开始惊呼，牛市终于来了。

我加仓的速度可赶不上上证指数，而且越来越体会到市场是不可预测的。牛市是来了，但牛市是不是也到头了？一年可是涨了150%以上。看到这样的市场，不能不说是害怕的。那段时间，好好研究了点基金组合的问题，同时爱上了定投。涨了这么多，再加仓的勇气没有了，好在还有定投。

进入2007年，专家们又在预测，最乐观的看到3500点。涨了这么多，应该是调整震荡的时候了。可话音未落，春节一过，3000点就在脚下了。可接着的第二个交易日，上证指数一下跌回去近9个百分点，论坛上好多人在问崩盘的定义是什么。不过，市场真的很不讲理，噌噌又回去了，到5月长假一过，4000点了。但接着就是“5·30”暴跌，尤其是那些前期暴涨的垃圾股，真是世界末日的感觉。不过，“博傻”理论真的起了作用，新基金不停发行，老基金奋勇拆啊、分啊。无数连基金是什么都不知道的人，凌晨起来排队等着新基金的认购。现在回想起来，才知道什么叫疯狂，什么叫恐怖。8月，指数上到5000点。居然有人开始庆祝咱们中国市场比美国人快多少年上到了5000点。10月，终于到了6000点！金砖儿国，黄金n年，所有的论据都证明1万点就在眼前……后面的故事就不说了。

在疯狂的年代，想要不疯狂是很难的。即便知道大家在疯狂，要预测到泡沫破裂也是不大可能的。牛市的时候，似乎一切东西都支持牛市会继续；而到了熊市的时候，似乎所有的证据都表明会越来越熊。上证指数是没有办法去预测的，但贪婪和恐惧却是人的天性。所以，我更喜欢用定投的方式来进入市场，无论点位高低。从长期来讲，市场最终是会上涨的。而纪律性的定投有效地克服了恐惧和贪婪，使得我们可以以平和的心态去把每月多余的资金投入到市场中，为未来做准备。如果市场真到了一个山雨欲来风满楼的时候，做资产的再平衡也是我的策略。也就是这个策略帮助我在牛市和熊市都有一定的积累，也使我的心态趋于平和而忽略上证指数的涨涨跌跌。

2008 年，牛熊一转换，6000 点变成了 1600 点。怎么上去的，又怎么掉下来了……3 年多了，上证指数坐了一次大大的过山车，现在又开始往上爬了，谁知道什么时候又会掉下来。

颇多的感想。

但最核心的还是千万不要去预测市场，不要去预测上证指数。就像有人说的，3 种人预测市场：天才、疯子和骗子。这几年，天才是没有见到，但疯子和骗子倒是看到了一些。其实，自己把握好自己的心态，用投资的眼光去看待大盘的涨跌，心情就会平和很多。前两天，有个朋友问："现在 2800 点了，是不是涨得太高了？"我说："那你看和什么时候比了。和 1600 点比当然高了很多，但和 6000 点比，又低了很多。"其实，这关系到我们看多远的问题。

不过大约一个月前，有家基金公司给我打电话，在恭喜我成了他们的 VIP 客户的同时，又建议我当时不要买基金，最好到 2000 点的时候再买。我笑了笑……

36. 买基和炒股

背景：写于 2009 年 8 月 18 日。

前段时间，在上海遇到一个中学同学，他在搞私募，成绩斐然。谈到买基金和炒股票的话题时，他举了个例子，让我哈哈大笑。

他说："你看打麻将的。有人会让别人替你打吗？有人会说自己的麻将技术差吗？有人会觉得自己在麻将桌上输钱吗？"炒股的大多数和打麻将的人有一样的心态，总对自己充满信心。呵呵。

且不说打麻将的娱乐性，单看赌性，似乎真有点和炒股票类似。联想到境外的赌场，大厅里面熙熙攘攘、汗流浃背的都是菜鸟。虽然满脸通红、撸胳膊挽袖子，到头来还是灰头灰脸。而真正的大户，你根本不知道在哪个富丽堂皇的包房里，看都看不见的。

我是小散，但有自知之明，不想去哪个熙熙攘攘的大厅奋斗，就宁愿花点钱跟着一个大户。跟着大户，我也是大户了。

小散，在生物链的最末端，也就是最容易被吃掉的那个。

37. 杠杆基金并不适合散户

背景：写于2010年8月25日。

现在的分级基金，就是一种杠杆基金。目前，我的看法是杠杆基金不适合散户基金投资者。

杠杆，简单地说就是用小资金撬动大投资，如你用1万元买2万元的股票。那缺少的钱从哪里来？就是靠借贷，你要借另外的1万元！但是借来的钱是要还的，这是必需的。所以，当杠杆产生的时候，必须保证借来的钱不受损失，否则你资不抵债的时候，就要破产。

用1万元买2万元的股票，就叫2倍的杠杆。如果2万元涨10%，就赚了2000元，那从自己本金1万元的角度看，就是赚了20%；同样，如果跌了10%，亏损也要从自己头上扣，结果就是亏了20%。这就是杠杆的收益和风险的放大作用。显然，在这个例子中，如果市场跌了50%，2万元的投资就只有1万元了，除去要还人家的1万元，还不包括利息，自己就什么都不剩了。其实，到这个时候，你的债主就会来逼债。虽然市场可能会再涨起来，但债主可不这么想，他会强制要求你把股票卖掉以保证他自己的本金安全，这就是强制平仓。也就是在低点的时候，强制让你把股票卖掉。

从表面上看，杠杆基金加剧了市场的波动，加大了风险，但同时也给投资人提供了以小博大的机会。但为什么我认为对小散户来讲，这是不合适的呢？根本的原因在于，小散户是否有必要去借钱炒股。

我认为，大量的散户，其实并不是把自己所有的资金都投入到市场当中的。很多人只是拿一部分资金去投资，也就是会有很多现金储备在银行，或者在货币基金等保本的地方，而这些固定收益品种的收益是很低的，如一年定期现在只有2.25%。但一手拿着这种低收益的产品，一手又去用5%的利息借钱来产生自己的杠杆，是不是很不合理的事情？最简单的办法就是，把自己的现金投入进去，加仓而已，其实就是自己借钱给自己。

但有人也会想，我的现金如果也投入进去，那是不是我自己承担的风险就变大了呢？其实，分级基金的基本原理很简单，对于咱们手上的任何一只基金，自己都可以按照任意想法进行分级。你只要强制止损，也并不会损害到你原来的现金部分。但这时候你现金的流动性会受到影响，如果市场低迷，而且你又需要现金的时候，就比较麻烦，类似于自己强制平仓。所以，咱们要考虑咱们的现金储备有多大，流动性需求有多少。如果储备多，流动性需求又不大（我认为这是大多数散户的情况），那实在没有必要去买杠杆基金。

那杠杆基金适合谁呢？我认为是大资金的客户或者机构。当他们没有同样的现金储备，无法自己做杠杆，但又想在市场上大赚一笔的时候，是可以考虑杠杆基金的。不过，这显然意味着巨大的风险，但机构和我们小散户是完全不一样的操作方式。

杠杆基金，本身就是一个很复杂的东西，能把招募书上的各种条款搞清楚已经很不容易了，更何况还要考虑折价率、杠杆率、业绩等因素，最关键的一点还是你是否需要借钱炒股。所以，我并不认为买分级基金中的进取部分对小散来讲是好的选择。

38. 我的定投观

背景：写于2011年2月23日。

以前杂七杂八写过很多关于定投的文章，这篇算是一个总结。

从5年前开始投资基金，我就一直是定投的爱好者，也一直是它的实践者。我始终认为，定投是最符合投资而不是投机概念的东西。但我也并不是一个“单一”的定投者，定投只是我投资方式的一个组成部分。

定投只是一种投资的方式，而不是投资的品种。所以，千万不要认为定投是万能的，是可以百战百胜的。只要是投资就有风险。这种风险本质上取决于投资的品种，而不是投资的方式。定投优势更多的是和其他投资方式相比而言的，如一次性投资，或者趋势投资。定投的核心是不依赖对市场前景的判断，而是一种机械性的，靠长期平均来解决如何买入的问题。定投一定不会得到最优异的效果，但定投也一定不会得到最糟糕的结局。对广大业余投资者而言，能得到一个中等的投资结果已经是非常理想的状况了，因为我们最大的弱点是自己的贪婪。

定投也是非常符合长期投资理念的。市场的波动是必然的，也是没有办法预测的。这种波动只有靠长期投资来进行平滑，所以定投者也必然会成为一个长期投资者。对于工薪阶层来讲，投资是一种生活方式，而这种生活方式不是靠一两次投机就能建立起来的。长期、持久才能积少成多。当然，如果你已经有很多现金存款想进入市场，那定投不是你的选择。但对于一般的百姓，为了 10 年后孩子的教育，为了 20 年后自己的养老，在不影响现实生活质量的前提下，每个月拿出一部分收入，强迫性投资，岂不是未雨绸缪的良策吗？

不过，人们对定投的理解也有很多误区。

第一，定投不会让咱们包赚不赔。旱涝保收是不可能的，除非去购买无风险的货币基金。随着市场的起伏，自己的投资市值一定会发生变化。如果在市场低迷的时候去赎回基金，那赔本也是正常的。实际上，在市场低迷的时候，最关键的是坚持定投，因为这时候才是低价收集筹码的时候。也只有在市场低迷的时候坚持定投，才可能在市场高涨的时候获得收益。其实，投资正确的思想是低买高卖，而不是高买再高卖。

第二，理论上定投是波动幅度大的品种有优势，如小盘的指数基金，甚至杠杆型基金，但是我认为选择定投品种的时候，最关键的还是要符合你的投资风险承受能力。如果对这个品种的基金进行一次性购买会让你感到难受的时候，那也不要定投它。因为当你定投几年以后，你会发现，你总市值的波动已经取决于你过去的积累。很难想象一个稳健的投资人，每月定投 2000 元到一个指数基金上，两年以后，持有接近 5 万元的指数基金会安安稳稳地不受市场波动的影响。那时候，月增加的 2000 元对平衡波动已经没有大的意义了。所以，我认为定投债券基金，甚至货币基金，都不是不可以的。

第三，定投只解决了一个买入的问题，并没有解决卖出的问题，而只有卖出和买入的差价才是你的利润。还是那句话，千万不要在市场低迷的时候赎回你的基金。一定要挺住，挺到春暖花开的时候。

在低价的时候赎回，亏本是正常的。

第四，定投的品种是不是必须从一而终呢？我认为没有必要。定投的品种可以根据你的需求和市场的变化来进行调整。这并不和定投的原则相违背。定投的基本原则只有两个，一个是不预测市场（定时），二是强制性积少成多（定额）。至于把这个钱投入到什么方向，这取决于你的资产组合，除非你只定投一只基金。你在一个基金上定投了一段时间，又到另外一个基金上定投一段时间，这并没有什么不对，只要你清楚地知道转换的原因就好。

我这 5 年，一直坚持定投，但也做过很多一次性投资。定投的品种也很多，从货基、债基到股基都做过。

首先，我的基本投资思想是保持股债的平衡，也就是根据我自己的风险承受能力，有个平衡比例，如 1∶1 的比例。然后根据再平衡理论，始终努力保持这个比例，也就是稳定风险。定投会改变这个比例，如开始的时候我定投股基，但当我的股基比例过高的时候，会改定投到债券。另外，在股基中，也有大盘基金和小盘基金的区别，我也有个比例，这样，也会在这些基金中平衡。但有一点，我依然是定时定额，依然是把闲钱尽量地投入市场，只是投资的品种会有变化，可能是股基、中小盘，也可能是债券。

其次，我没有定期存款，也没有国债之类的投资。除一些必需的活期以外，基本上银行卡上是没有钱的。工资的大部分就被我先定投到货币基金中了。再怎么加息，货币基金也比活期好啊，流动性也不是太差。现在很多基金公司开放了直销定期转换业务，如广发的“钱袋子”、上投摩根的“现金宝”、富国的“富管家”。我先定投货币基金，然后再定期把里面的钱转换成我需要的定投品种，岂不是非常方便和简单？而且，还能享受 4 折的优惠和其他转换的优惠。

其实，有个观念一定要明确，无论是定投买到的基金，还是一次性申购买到的基金，都是你投资的一部分，都是你总资产的一部分，唯一不同的是投资方式不一样。但到你的账户上，它们都是一样的，所以基于总资产配置的考虑更为重要，千万不要在心理上把这些资金分成细化的子账户——这部分是一次性买入的，那部分是定投的。这些都是你的钱。

不过，如果发了年终奖，我是不会把年终奖分成 12 份，慢慢地定投的，那实在很愚蠢。如果市场在高位，我会先买入货币或者债券基金，然后再考虑在合适的时机进入风险高的品种；如果市场在低位，那当然是直接买入的好机会了啊。

简单地说，我现在是保持一个 1∶1 股债比的投资组合，然后每月的收入，先定投货币基金，然后再定转进入这个组合。而具体购买的品种取决于组合的情况，缺什么买什么。

总之，定投只是一种投资方式，但的确是一种好方式，因为它能帮助我们克服人性的弱点。而且，在不知不觉中，让我们积累一定的财富。我曾经推荐过好几个“月光族”去定投，结果他们都变成了“万元户”，也没有见他们少买一件衣服，少吃一顿饭。

39. “积极主动”还是“被动防御”

背景：写于2011年3月1日。

看格雷厄姆《聪明的投资者》一书，非常受启发。怎么才能成为一个聪明的投资者？有两种做法：

（1）对一组由股票、债券和基金构成的动态投资组合，进行不断地研究、筛选和监控。

（2）以某种自动的方式，创建一个恒久的投资组合，不再付出更多的努力。

第一种就称为“积极、进取、主动”的投资方法，它需要投入大量的时间和精力；第二种方法称为“被动、消极、防御”的投资方法，省心省力，但要求能控制好自己的情绪。

两种投资者都被格雷厄姆看作是“聪明的投资人”！他们的区别不在于投资品种，如他们都可以投资股票或者债券，他们的区别在于投资方法。两种投资方式都是明智的，都可以成功。但前提是必须对自己有深刻的了解，采用适合自己的方法，然后持之以恒。投资风险不是只存在于经济形势和投资品种上，更多地存在于我们的内心。

这些话，真是给人震撼。我们到底做什么样的投资人合适，这才是我们最需要反省的事情。这两类人都可以成功，但如果我们把自己弄混了，恐怕就成功不了了。

我是一个典型的“被动防御型”的投资者。所以，我鼓吹定投，鼓吹再平衡，鼓吹分散投资。我并没有更多的时间、能力和知识去看盘，去分析个股，去调查公司价值，但我自认为能控制自己的心态。所以，我不做短线，也不预测市场，不做趋势投资，也不做技术分析。

也有很多“主动进攻型”投资者，如电视里财经频道的嘉宾、主动型基金经理和民间的炒股高手。他们和我相比，就完全是另外的类型。他们更多的时候是看准目标，一击而中，享受进攻的快乐和成果。

但我们一定要站好队，清楚自己是什么。其实，进攻和防御，也不是截然对立的。我相信我们很多的人都兼而有之，只是哪种比重更大而已，所以我们可以有“核心+卫星”的投资策略。

这也让我理解了一个现象。但当一个进攻型和一个防御型的投资者碰到一起的时候，尤其是在网络论坛上，那一般会吵得不亦乐乎。本来也没有谁对谁错的事情，萝卜青菜各有所爱而已。所以，以后建议发帖子的时候，先说明自己是什么类型的投资者，“道不同，不相为谋”。

附录 对季凯帆博士的采访

《我的投资观和实践》这篇网络广为传播的连载文章，我想投资基金的朋友都不会陌生。很多朋友都访问过 LaoK 的博客（http://laok2.blog.sohu.com），和 LaoK 讨论交流过很多东西。有媒体将他称为“骨灰级基民”，那么大家对 LaoK 到底了解多少呢？

LaoK 本名季凯帆，是位天文学博士，从美国回到昆明任教。大家对他的说法不一，大多把他看成一个高手，但是，按他自己的说法是：“我的定位是一个基金概念普及者，我不是一个职业高手，不是一个资深股民，进入中国基金市场也不久，但我希望做科普工作，大众普及。”这正好符合我们中国基金网的宗旨，于是我们利用邀请他担任网站顾问的机会，对他进行了专访。

问：您最初是如何开始投资的？效果如何？

答：你知道，我的学术背景和投资没有什么关系，而且从小到大，我也没有受到过任何投资方面的教育。其实，开始真正考虑这个问题完全是发现把现金放在抽屉里面是件很愚蠢的事情，如女儿得到的压岁钱，难道我就用一个信封存起来，等到 15 年后再把信封交给她吗？（笑）

我最早是 2000 年开始在美国市场投资基金的。那时刚好是美国网络泡沫崩溃的时候，开始时非常谨慎，而且对相关的知识知道得也很少，所以只选择了非常稳定的债券基金来投资。后来，随着美国经济的好转和自己对证券知识的理解及掌握才开始进入到激进股票基金的投资行列。

在国内，大约是在一年前开始对开放式基金进行投资。我的运气非常好，正赶上了该市场爆发的一年。

我的收益就是一个市场的平均业绩水平。我从来也不指望去超越市场，也不指望获得所谓超额收益。同时，我也认为这些思想是和长期投资理念不符的东西。当你去追逐超额收益的时候，如波段操作，就意味着你要冒更多不必要的风险。另外，其实个人投资基金的收益有多少，是什么问题也说明不了的，因为这和市场总体情况及基金经理的操作有关。市场涨跌、收益大小这都不是咱们能控制的。

所以，在美国市场，我的收益也就是一个10%的平均状况，而去年的国内市场大家都知道，是一个千载难逢的机遇。

问：在美国市场和在中国市场投资您感觉有何差异？

答：我认为有很大的不同。

第一，最直观的感觉是美国市场相对平稳，或者说开放式基金的波动，也就是短期风险情况要比咱们国内低得多。我没有仔细统计过，但感觉上美国市场涨跌1%出现的频率可能和咱们涨跌3%的情况类似。也就是说，整个情况比较平稳。第二，应该说美国市场比较规范，如基金类型和个性非常鲜明和稳定，而且品种齐全，这对投资者的选择就非常有好处，毕竟它们有很长的历史。第三，就是投资者相对比较成熟。一方面是整个市场（包括投资者）经过漫长的投资历史已经比较成熟；另一方面是有关投资者教育的资讯也非常多，包括杂志、网站等。这样，更容易让投资者成熟起来。市场和投资者一定是种孪生关系，要成熟，大家一起成熟。还有，就是也许美国证券市场和国家的经济状况之间的关系比咱们国家的要紧密一些。

问：您觉得目前国内基金市场怎样？是否应该加强基金投资者教育？

答：我的确是觉得机会和风险并存，而且机会和风险都很大。

中国作为世界新兴市场的一员，其孕育的投资机会是不言而喻的，但潜在的风险也是有目共睹的。这也是所有新兴市场的特点，高收益伴随着高风险。

国内基金市场的发展，从我自己仅仅一年的经历就可以感到是非常快的，甚至快得让人眼花缭乱，难以适应。大家可以回忆一下，2006 年基金市场有多大的变化。从冷冷清清到风风火火，新基金的大量涌现，新资金的疯狂注入，我相信这是 2006 年初没有一个人预见到的事情。这种快速发展显然是喜忧参半的：喜的当然是这种发展对我们中小投资人、对国家、对整个产业都有帮助；而忧的则是“消化不良”。一方面是基金产业跟不上这种迅猛发展的速度；另一方面，更危险的是投资者对基金产品、对市场、对投资本身在观念上的消化不良。2006 年 8 月以后，市场连续 5 个多月的持续上涨，让太多的人变得疯狂起来，甚至简单地把买基金等同于发财。借钱买基金的有，卖房子买基金的有，把所有存款全部投入基金更是很平常的事情。这是非常危险的！

这中间最大的问题就是投资者的教育问题。其实，在我国大众之中，正确的理财观念和投资观念，甚至包括最基本的财务知识是非常匮乏的。咱们的正规教育里面是没有这个东西的。我经历了中国教育的所有阶段，从幼儿园到博士；但可以说，必要的财务知识却是零。咱们国家的确有很多知名的经济学家和市场人士，他们的确也是我们经济界的精英。但是，我们必须要看到全民财务投资知识的贫乏，尤其是当股票热或者基金热席卷全国的时候，这种大众基本知识的贫乏就显现出来了。精英阶层和大众之间的差距是非常巨大的，但市场是不会管这些的，无论是对专家也好，对新基民、新股民也好，都是一视同仁的。结果，在整个市场中最危险、最可悲的一定是那些毫无经验、缺乏知识的新手，那些糊里糊涂炒基金的人，而这些人实际上是比例最大的一个群体。

但是，基金这东西在美国叫共同基金，其实这是所有投资人共同拥有的一种投资。在整个市场不成熟的时候，基金公司为了它自己的利益，必然要去迎合最“普遍”的思想和观念，而不去关心这种“普遍”观念的正确与否。这样，到头来会损害投资人的利益。去年底的大分红浪潮就是一个证明。我想，现在越来越多的人应该明白：市场不成熟，受害的最终还是咱们个人投资者。

我想，如果是这样，事情就会变得很明显：对于基金的投资人，为了咱们自己的利益也要努力去推广、普及正确的投资知识和理念。这绝对不仅仅是一个公益事业，而是一项为人为己、利人利己的事情。然而，这种基本知识的普及，基本理念的灌输，通常不是精英人士愿意做的，或者擅长做的。我们必须承认这种层次上的差异。你让一个诺贝尔奖奖金得主来给小学生上常识课，未必会得到好的结果。事实上，咱们全民的平均财务知识也不过是小学低年级水平，但这种教育却是非常有意义的事情，或者说是真正造福千家万户的事情。所以，也许咱们更多地需要一些幼儿园、小学水平的财务老师来肩负财务知识的扫盲工作。

问：您觉得国内基金公司目前的基金知识普及做得如何？在您心目中哪些基金公司做得比较好？

答：我认为基金公司应该是在基金知识的普及工作中充当着最关键的角色。但非常遗憾，我不得不说咱们的基金公司普遍在这个方面做得不够。其实，基金公司可以做很多事情去引导市场，帮助市场和投资人成熟起来。但是太多的基金公司却为了它们自己的利益去迎合市场上不成熟的思想。我想这种例子太明显了，如拆分、复制，还有大比例分红。唯一的目的，就是用1元的净值去吸引那些不成熟的新基民。基金公司其实非常清楚高净值和低净值根本不是选择基金需要考虑的因素。看看那些促销广告，什么“五星基金，现在才卖块把钱”，这显然是在误导投资人。市场不成熟，受害的不仅是投资人，基金公司也不会最终得益。

如果说这方面做得好的公司，那我首推上投摩根公司。它们做的很多事情普遍受到大家的好评，如它们的巡回演讲；如它们不参与那种归一分红，不搞拆分，不搞复制；还比如，它们为了控制规模封闭热门的基金；等等。也就是说，它们不但通过宣传来普及基金知识，同时用自己的行动来让市场变得成熟。

问：您对第三方理财网站有什么看法？它们有多大的发展潜力？

答：第三方理财网站我认为是非常有前途的，而且在理财知识普及中，我认为也应该扮演非常重要的角色。当然，基金公司责无旁贷，但是由于基金公司的特殊性，在其宣传中往往会带有浓厚的公司色彩，而第三方公司和网站却可以有效地避免这个问题，获得公众更多的信任。其实，我个人的理财知识就是从第三方网站上学来的，比如说美国晨星公司的“投资教室”栏目等。公正、公平、公开、公信应该是第三方网站最大的优势。

从国内的情况看，理财网站一种是像新浪、搜狐这种大型门户网站的理财频道；一种是像金融界、和讯之类的专门财经门户网站；还有一种就是像中国基金网这样的专业基金网站。但是总体来讲，这些网站的内容重复或雷同的比较多。当然各自有各自的特色，如中国基金网的“货比三家”“基金选秀”“基金龙虎榜”“风险测试”都是很有特色的栏目。

从经营模式来讲，我认为像前两类的门户网站，无论是综合型还是财经类的，也许它们更多的是希望通过访问量来扩大广告的收益，而像中国基金网这样的专业网站，我认为应该有更专业的特色和深度。我现在还是美国一个专门分析先锋基金公司的网站的注册会员，当然是缴费的会员。因为我有大量的先锋公司的基金，当然对它就非常关注，宁愿花点钱获得服务。我也曾经是美国晨星网站的注册会员，而且我从这些网站中真的得到了回报。我知道这点在国内还不成熟，但我相信会有那么一天的。就像几年前，网上购物还只是时髦的做法，但现在已经日益普及了。专业网站就是能把事情做得专业化，这就是优势和前景啊。

问：您准备如何实现你的“基金概念普及者”心愿？

答：呵呵，这我也不知道啊。这个想法也是最近才形成的。

进入中国市场后，其实我很长的时间只是自己学习投资知识，努力做好自己的组合而已。事实上，那段时间我经常看你们中国基金网“金融界”上的“基金沙龙”，后来才到了搜狐的“基金天下”论坛。看了一段时间以后，发现我也可以总结点东西给大家看，这才开始写《我的投资观和实践》。写了几篇，看到还是有不少网友捧场，结果一气写下去，一个月内写了33篇，组成了一个系列，把自己一些基本想法和心得和大家分享。在这期间有网友建议开个博客，这样也就有了我自己的博客，本来是想补充点《我的投资观和实践》中没有的东西，所以就起名“《我的投资观和实践》的旁白”。实在没有想到，这个系列文章和博客在基友中有这么大的反响。开博不到4个月，访问量接近70万，3000多条评论，1600多条留言，这是我根本没有预计到的。我也努力更新日志，和大家一起讨论问题。其实所有这些，收获最大的是我。很多问题逼迫我去学习更多的东西，思考更多的东西。

其实你也知道，我并没有任何金融、投资和财务学术背景。我所有的投资心得和知识都是从自己的实践中和自学中得来的。很多朋友都发现我谈的东西和书上的没有什么区别，和一些讲座上的也是异曲同工。其实这道理也很简单，因为我就是学来的、看来的，只是再通过我的嘴把它们换种方式讲一遍而已。也许我善于总结，也善于表述，所以会受到大家的喜爱。但我想更大的一个原因是，在咱们这个市场上缺乏一些“基础投资知识的扫盲者”，或者“基金概念的普及者”。就像我前面说的，我们有一部分金融精英，但也有数量巨大的缺乏必要知识的民众，这中间的差距也是巨大的。如果我能在这之间做点什么，那就是非常理想的事情了。

所以，我会努力经营我的博客，多写文章，多和大家讨论。《解读基金——我的投资观与实践》能正式出版，要感谢中国基金网和中国经济出版社。其实这只是一本小册子，一本“科普”读物而已，希望能对大家有所帮助。由于我本人的确水平有限，错误自然难免，希望大家给予指正。

我还要感谢中国基金网邀请我做名誉顾问。我也希望我能从一个普通投资者的角度和专业人士多方面沟通交流，把我们的一些看法和需求转述给专业人士，同时希望能促进专业人士和大众的交流，共同建设理性繁荣的基金市场。

看来有不少事情可以做。相对“骨灰级基民”的称呼，我宁愿去做个“骨灰级基友”。在投资基金上，我绝对不是高手，而仅仅是个按部就班的投资者，这根本谈不上什么“骨灰级”。但我更希望把我知道的、学到的、想到的和大家分享讨论，作为大家的“基友”。

问：对于基金投资者的净值恐高问题您怎样看待？

答：这个问题是我不遗余力、反反复复讲的问题。恐高症完全是个错误，是个彻底的错误，是没有一点道理的东西。它其实很容易从逻辑和数据上讲清楚，唯一可能的问题最多是一个心理障碍而已。

但在对待这个问题上，我对一些基金公司的行为是非常有看法的。它们应该担负起培育市场的责任，而不是纵容这种错误观念的蔓延。最近很多大分红的广告，我认为是非常不负责的，完全是误导投资人。

问：请问您是怎样选择基金的？

答：这不是一个简单的问题。但我想有两个关键，一个是你的投资期，一个是你的风险心理承受能力。这两件事情决定了你投资的方向，如是激进型的，还是稳健型的，这也就决定了你股票基金和债券基金的配置比例。当然在这个基础上，还可以更细致地考虑，包括大盘基金和小盘基金的比例，蓝筹基金和成长基金的平衡，等等。有了这些原则再去考虑基金种类的具体选择问题。这时，我就非常喜欢使用晨星网站了。

问：对于基金投资，您觉得哪些问题是应该重点注意的呢？是长期（包括定期定额）好还是短线好？

答：有两点是投资基金的基本准则：①用闲钱；②长期投资。短期的投机，甚至借钱来炒基金，是非常危险的事情！基金本身就是长期投资的理财产品，不是用来短期炒作的。违背了这个原则，市场一定会用某种方式惩罚你。

定期定额投资是我非常喜欢的投资方式，也是我常采用的一个方式。随着市场的震荡加剧，我相信大家会逐步体会到其魅力的。

问：听说您钟情于晨星，您有哪些经验可以向大家推荐呢？

答：大家都知道晨星评级，但其实在晨星网站上除了评级外还有很多东西，包括每个星期发布的不同周期基金的业绩排名；基金统计指标，如各种系数；还有晨星的风险评估及投资风格箱。这些内容对投资者选择基金都非常有用。

当然，晨星上的所有内容都是代表基金的过去，不代表未来。但是我认为，虽然过去的业绩不代表未来，但如果我们不参考历史，我们用什么来预测未来呢？好学生继续是好学生的概率会比差学生变成好学生的概率要大。（笑）

问：在选择基金时，基金资料数据的查看比较重要，您平时在哪些地方查看基金资料呢？哪些网站有比较好的工具，可以向大家推荐吗？

答：你们中国基金网就非常不错啊。数据更新的速度也比较快，而且内容也比较全。比如，你们的基金数据栏目是按照晨星的分类进行的，这样非常容易对比啊。我的确很喜欢。

问：谢谢您接受我们中国基金网的采访。

答：非常感谢你们，非常感谢你们在基金知识普及上做的工作和为基民提供的服务，也希望今后在这方面我们能更好地合作。

中国基金网　康峰

2007 年 2 月 5 日

后记　12年后再说《解读基金——我的投资观与实践》

《解读基金——我的投资观与实践》（第一版）是2007年出版的。虽然已过去了12年，最基础的基金知识和投资观念其实并无什么本质的变化，一通百通，作为“基金小白”的同学还是可以拿这本书去做启蒙读物的。但到底是10多年前的东西，尤其是当年提到的各种具体基金已经迥异，读者请不要再关注那些基金名字，就把它们看成是泛泛的例子。

我一直在持续地做基金投资。经历了2007年和2015年的“大动荡”，但博客写到2011年也就没有再继续。一个重要的原因就是觉得无论是大众基金投资知识，还是个人投资心得，已经写得差不多了。这次应出版社之邀，对内容稍微做了一些修订，主要是增补了一些2008—2011年陆续写的博客日志中自认为有价值的部分。在这部分里面，除了个别几篇讲了债券、可转债和杠杆（分级）基金的知识，更多的是我的心得，对比以前的内容，难免有重复之处，只是在不同的情况下反反复复去介绍我的投资观而已。

一、关于主动基金和被动基金

10多年前，我几乎都投资在主动基金上。书里面涉及的基金主要围绕主动型基金，自然谈得比较多的是如何挑选主动型基金。但目前，除了债基，我已经全面倒向指数基金了。

10多年前，一方面，主动基金表现得很好，大量主动基金上涨幅度超越指数；另一方面，指数基金的数量太少。除了几个宽基指数，如沪深300、上证180和深证100，就没有其他的了。当时根本没有什么行业指数，中证指数也刚刚开始；今非昔比，现在可挑选的东西就非常多了。

指数投资有非常多的好处，尤其是做资产配置、基金组合。没有“风格漂移”，也没有基金经理的道德风险。想当年，为了确定一个主动基金的风格偏好要去计算它们和大小盘指数的相关性，搞得非常复杂。现在则很容易去选择资产配置的核心部分，如投资一两个宽基指数，再配置些行业指数做“卫星轮动”，非常简单明了。

所以，我现在是一个指数投资的爱好者了。

二、关于赎回策略

我是长期持有的拥护者，之前版本的书上说，我在两种情况下会赎回基金：①这个基金不再是我想投的，如风格变了，基金经理变了，等等；②我的投资目标达到了，风险收益需求变化了。

现在，我要加上第三条：市场表现太疯狂了，也要赎回基金。

第一版的书，主要内容写于2006年末和2007年初，即便是第二版，在2007年10月就完稿了，最后一篇文章是在上证指数位于6100点时写的。当时我感觉市场将会怎么“上去”，也会怎么“下来”。但当年我真是太嫩、太单纯了，完全意识不到市场会从6100点跌到1600点，当然也不知道2015年类似的走势又会再来一次。

2015 年，当市场从 5000 多点再回到 4500 点的时候，我清仓了。这是第一次真正意义上的清仓，我彻底“跑路”了。我的确没有遵循自己当年的“原则”。我真的不知道市场会“疯狂”到那个样子，市场真的“不理智”。

你自然会问，什么叫“市场疯狂”？现在很多网站给出了判断标准，如估值、估值百分比和“且慢指数估值”，貌似很容易判断市场在高位还是在低位。可以前没有这些啊，该怎么办呢？其实也简单，你就去听！听听周围的人，那些和你无关的人在说些什么。在地铁上，在公交上，在餐馆里面，如果你动不动就听到周围的人在高谈阔论他从股市上赚了多少钱的时候，那市场一定是“疯狂”了。永远记住：市场只会让少数人赚钱。一旦出现这种情况你就该“跑”了，至少该减仓而不能加仓了。同理，如果周围没有人谈论股票和基金，连骂股市的人都没有了，那市场就是低位了。记住一条，爱的反义词不是恨，而是冷漠，是懒得理你。

三、关于财富管理

我喜欢基金组合，如书里讲的再平衡或者核心卫星式组合，其实只是在基金类资产里面打转转，但我们每个人都应该从个人总财富的角度去考虑财富管理的问题。无论什么样的基金，什么样的基金组合，基金公司和主理人给出的净值曲线和你持有的这只基金及其组合的曲线有非常大的不同（因为买入点和卖出点是不同的），更关键的是，这只是你总财富的一部分。即便你是一个很稳健的投资者，你也可以有非常激进的组合，但重点是这部分资产的仓位占比是多少？你把总资产的 50% 投入进去，或只投入 5%，这完全是两个概念。你不能看到季凯帆买这个组合，你就买，因为两个人的风险偏好是完全不一样的，这不能直接比较。

每个人都要明白，你持有的所有基金和基金组合的累加才是你要管理的财富，而一只基金、一个组合只是你的一部分资产而已。

四、关于定投

定投是一个好的投资方式，尤其是对于新投资者而言。但要注意，当你定投了几年后，影响你心情的是你的存量资产，而不是每个月放进去的那一小部分了。所以，我觉得定投还是要符合个人的风险偏好。关于定投，我 2011 年曾经写过一个帖子——《我的定投观》，也放到了本次的修订版中。

太阳底下没有新鲜事，对于基金投资更是这样。基础知识就那么一点，因此投资经历更为重要。去做去想，去想去做。人在江湖漂，怎能不挨刀？从“小鲜肉”到“大叔”就是这样过来的。我已年过半百了，但还想再当 30 年基民，也许到那个时候，我的看法又会有很多的改变。

季凯帆

2018 年 7 月 31 日